有料
更有趣的朝代史

战国 2

合纵连横

君玉离
萧十二 编著

浙江工商大学出版社
ZHEJIANG GONGSHANG UNIVERSITY PRESS
· 杭州 ·

图书在版编目（CIP）数据

战国 / 君玉离，萧十二编著 . —杭州：浙江工商大学出版社，2022.9（2024.1 重印）
（有料更有趣的朝代史 / 胡岳雷主编）
ISBN 978-7-5178-4838-7

Ⅰ . ①战… Ⅱ . ①君… ②萧… Ⅲ . ①中国历史—战国时代—通俗读物 Ⅳ . ① K231.09

中国版本图书馆 CIP 数据核字（2022）第 022894 号

战 国

ZHAN GUO

君玉离　萧十二 编著

责任编辑　王　耀　张晶晶
责任校对　何小玲
封面设计　吕丽梅
责任印制　包建辉
出版发行　浙江工商大学出版社
（杭州市教工路 198 号　邮政编码 310012）
（E-mail: zjgsupress@163.com）
（网址：http: //www.zjgsupress.com）
电话：0571-88904980，88831806（传真）
排　　版　北京东方视点数据技术有限公司
印　　刷　唐山富达印务有限公司
开　　本　787mm × 1092mm　1/32
印　　张　28
字　　数　576 千
版 印 次　2022 年 9 月第 1 版　2024 年 1 月第 2 次印刷
书　　号　ISBN 978-7-5178-4838-7
定　　价　198. 00 元（全四册）

目　录

第一章

秦失苏秦，再得张仪

苏秦的面试教训

在纷乱的战国，实力很重要，谋略也不可少。无论秦国如何强大，如果不善用谋略，最终也不能称霸天下。因为诸侯国过多，倘若他们联合起来围攻秦国，秦国肯定敌不过。实力为政治斗争搭建舞台，权术手腕则是舞台上的精彩演出，苏秦就是杰出的“演员”。

苏秦是东周雒阳（今河南洛阳）人。为了学业，苏秦变卖家产，离开洛阳前往鬼谷子处学习。在当时一个安分守己的环境中，苏秦的行为简直是冒天下之大不韪，父母、兄弟、嫂子甚至妻子都不赞成他的做法。

鬼谷子已经教育出庞涓和孙膑这两位驰骋天下的军事大家，苏秦深信，只要在鬼谷子处学得一技之长，必定会有所成就，名留青史。

从鬼谷子处学成归来的苏秦决定一展自己的才华，他将目光盯向国力日盛的秦国。

曾经的秦孝公很难拜见，现在的秦惠王更难拜见，因为秦国强大了。为了拜见秦孝公，商鞅求助于阉人；为了拜见更难见的秦惠王，苏秦花了不少心思。

第一次与秦王相见，苏秦急切地表达着自己的观点。他说，秦国占据巴蜀、汉中等地，土壤肥沃，物产富饶；又有来自北方外族的战马，日行千里，能征善战；南方有巫山、黔中作为防御外敌的屏障，东边有崤山、函谷关等险要关塞——这些都是秦国称霸天下的大好条件。

苏秦口若悬河，滔滔不绝，他其实只想表达一个意思，凭秦国的实力，争霸天下绰绰有余，只要秦惠王允诺，采纳他的谋略，必能一统天下。

商鞅刚刚受车裂之刑，苏秦思想与商鞅无异，自然不会获得惠王的认可。

商鞅弄得民怨沸腾，苏秦紧接着鼓吹战争，这不是破坏社会安宁吗？秦惠王思前想后，脸色越来越难看。但苏秦并没有注意到这一点，仍是滔滔不绝地说："如果国君想要称霸天下，必须招纳敢死队，组建一支无坚不摧的队伍。在称霸的道路上，遇上强国打强国，撞上弱国灭弱国，不能容情，更不能手软。"苏秦的结论是，只有以强大的军事力量为后盾，百姓才会臣服，其他国家才会归顺，君王才有权威。

苏秦的霸道之术火药味更重，秦惠王容不下商鞅，自然更容不下苏秦。

由于苏秦是当时名士鬼谷子的弟子，所以他能够任意待在秦国国都。苏秦不仅有才学也有毅力。第一次游说失败后，他并没有放弃，接着写了十多篇言辞恳切的奏疏，希望能够获得秦惠王的赏识。

在秦国国都没待多久，苏秦就花光了所有的盘缠，连吃住的费用都没了。

为了游说秦惠王，苏秦将自己的后半生都给押上了，最终结果却是两手空空，好不心痛。在秦国的这些时间，为了写奏疏上呈，苏秦连珍贵的黑貂皮大衣都给磨破了。看着破碎的衣服，苏秦就想到自己那一颗充满激情，却被无能的秦惠王冰冻，最终被砸碎的心。

人生失意，身无分文，苏秦不得不离开秦国国都。

《战国策》记载，苏秦游说秦惠王失败，“羸滕履蹻，负书担橐，形容枯槁，面目黧黑，状有归色”(《战国策 · 秦策一》)。就是说，苏秦用破布绑住小腿，穿着草鞋，背上背着书籍，肩上挑着担子，形容憔悴，脸色蓝黑，气色差，囊中空空，心中羞愧，一步一个脚印地回了家。

苏秦从秦国走路回家，少说也走了几个月，疲乏不堪。事业上失利的他本想获得家庭的温暖，谁承想家人看他如此狼狈地归来，竟都看不起他。妻子见苏秦回来，仍旧织布，视苏秦如无物；嫂子做饭，人人有份，唯独没有苏秦的；苏秦转眼看父母，父母吃自己的饭，不看苏秦一眼。亲人的态度极大地刺激了苏秦，他立志要做出一番大事业。

梦开始的地方：燕国

痛定思痛的苏秦决定发奋读书。经过千挑万选，苏秦选中姜太公的著作《阴符》作为他的必读书本。姜太公用直钩垂钓，行为在钓鱼，目的却是钓周王。周王重用姜太公，最终成就霸业。苏秦选择这本书，除了书里的知识实用外，他更崇尚姜太公的事业。

《阴符》是古书，言语简单，意蕴却很深。看这类书，可以说是仁者见仁，智者见智，对看书之人的考验极大。苏秦钻研《阴符》，细心揣摩，夜以继日，丝毫不松懈。

他常常读书到深夜，为有更多的时间读书，他时常准备一把锥子，一打瞌睡，就用锥子在自己的大腿上刺一下。他利用疼痛让自己清醒，坚持读书。

经过一年多锥刺大腿、流血至足的痛苦磨炼，苏秦学成《阴符》，决定再度入世。《战国策》记载，苏秦学成后说："此真可以说当世之君矣！"苏秦认为自己已经有真本事了，能够在天下畅行无阻。

学成后的苏秦决定再度出世，施展自己的抱负，但苦于没有路费，他只好费尽千辛万苦从邻居处借来一百钱。别人都视苏秦为无业游民，借钱之艰难，可想而知。

苏秦从此踏上了艰难的游说之路。

苏秦学成时，魏国已经沦为二流国家，不是秦国的对手。考虑到只有赵国最方便、最有实力抗衡秦国，苏秦前往游说。

可惜，赵国外强中干，是一个看似强大，实际很腐败的国家。赵国国君赵肃侯任人唯亲，让他的弟弟出任国相，人称奉阳君。奉阳君对苏秦的那一套不感兴趣。

失落之余，苏秦离开赵国，冒着狂风大雪一路北上，来到小小的燕国。苏秦苦等了一年多，才见到养尊处优的燕王。

燕王难见，因为燕国偏处北方，受到强秦的威胁很小。国家没有外患，国君对人才的需求就不那么热切。此时的燕王是燕文侯，苏秦抓住这个要害，滔滔不绝地说了一大通。

从地理位置看，燕国的东方有辽东，北方有林胡、楼烦，西方有云中、九原，南方有呼沱、易水。易水，就是因侠士荆轲渡过而成名的地方。这些都是小国和部族，对燕国构不成威胁。

就军事力量而言，燕国的军队有几十万，战车 600 多乘，战马 6000 多匹，粮食储备够吃几年。燕国地狭兵多，粮食储备充足，国君根本不用担心亡国之祸。

再说，燕国南部的碣石、雁门一带土地肥沃；北部土壤不好，但盛产红枣和板栗。苏秦开玩笑，说即使燕国庄稼歉收，光吃红枣和板栗，百姓也不会饿死。

燕国能够偏安一隅，免除兵战之祸，全因强大的赵国无意中充当了屏障。苏秦说，秦国和赵国打了五次战争，秦国只胜了两次，赵国胜了三次，双方互有死伤。秦、赵交战，两败俱伤，燕国可以说是坐收渔利，秦、赵因为战争减损了实力，无力也无暇攻打燕国。

如果秦国攻打燕国，军队必须穿越云中和九原，翻越代郡和上谷，远途跋涉几千里，不划算。即使秦军占据燕国，也不一定能够守住，因为燕、秦之间有强大的赵国。秦国想称霸天下，赵国也有这样的想法，秦军劳师远征，赵国自然不会等闲视之，一定会趁机削弱秦国。因此，秦国不是燕国的外患，燕国不应该将忧虑的重点放在秦国。

秦国崛起后，对别国虎视眈眈。燕文侯怕遭到秦国的攻打，所以有心结交秦国，让秦国保护燕国。

连横的要旨是“事一强以攻众弱”，如果燕国侍奉强秦，无意中就促成了强秦的霸业。为了击毁强秦，苏秦采取合纵策略，即“合众弱以攻一强”，这里的“强”就指秦国，“众弱”指强秦以外的所有国家，甚至包括少数民族建立的中山国。

成功打消了燕文侯的结交泰国的想法后，苏秦劝燕文侯将注意力放在赵国身上。苏秦说，赵国与燕国接壤，一旦发生战争，赵国几十万大军立刻齐集边疆东桓（今河北石家庄市东），陆续渡过呼沱和易水，不出半个月，燕国都城必然被困。

苏秦的话语给燕王成功造成了这样的印象：燕国夹在秦、赵这两个强大的国家之间。秦国是燕国的手足之患，不足为惧；赵国则是燕国的心腹之患，令人担忧。苏秦的迷雾散布成功，燕文侯突然发现在他的卧榻之侧，竟然躺着一只虎视眈眈的猛虎，不能不害怕。

这时苏秦告诉燕王，如果燕国参与合纵计划，合纵诸国连为一体，实力必将大增，一定能够与强秦抗衡。

燕文侯听到合纵策略，喜笑颜开，说赵国、齐国、楚国都是大国，对燕国的威胁极大，如果这些国家都参与合纵，燕国定能安然无忧。

成功说服燕国参与合纵之策后，苏秦的人生开始有了转变。燕文侯将相印交给苏秦，并大赠其车马、钱财、宝物，命苏秦游说赵国，力求实现合纵。

合纵的轴心：赵国

燕国国小力弱又偏处一隅，无法成为合纵国的轴心。在苏秦心里，赵国最适合充任这一角色，所以他离开燕国后游说的第一个国家是赵国。

受到燕文侯赏识的苏秦此次入赵与前番大不相同，他坐香车、策宝马，堂而皇之地来到赵国。苏秦已经成为燕国的重臣，所以此次入赵得到了赵肃侯的亲自接见。

上次被奉阳君阻挠，苏秦心里多少还存有芥蒂。此次故地重游，奉阳君虽然已死，但留在苏秦心里的阴影还未完全散去。

于是苏秦对赵肃侯说道："您十分贤明，上起卿相臣子下到布衣粗人，无不仰慕您的仁德恩义，渴望聆听您的教诲。然而，奉阳君却没有如此胸怀，他妒贤嫉能，阻挡天下贤士拜见您。

"作为国君，最重要的莫过于让百姓安居乐业，免除战祸的威胁。在纷乱的时代，如果想远离战火，邦交非常重要。邦交工作做得好，没有外患；如果做得不好，国家必然卷入战祸。

"天下诸国，数秦、赵、齐、楚最强。如果赵国与齐、秦开战，赵国百姓就会受苦；如果赵国联合秦国攻打齐国，赵国百姓还是受苦；如果赵国联合齐国攻打秦国，受苦的还是百姓。”

分析完战争会给赵国带来的灾难后，苏秦保证，只要赵国听从他的建议，与诸国广泛建立邦交关系，一切灾祸都能够消解。各国为了表达对赵国合纵的谢意，燕国一定会贡献盛产毡裘狗马的土地，齐国会贡献盛产鱼盐的海湾，楚国会贡献盛产橘柚的园林，韩、卫、中山会贡献供您收取赋税的私邑。

战国时期各国争战不断，无非为了抢占更多的土地和人口，以此为自己国家牟利，赵肃侯听苏秦说得如此动听，自然会心动，所以两人一拍即合。

从当时的局势看，如果赵国依附秦国，以秦国的狡诈一定会利用赵、秦关系，趁机削弱韩国和魏国；如果赵国只与齐国交好，齐国野心不小，一定会利用这种关系削弱楚国和魏国。如果赵国周边的国家都被削弱了，“辅车相依，唇亡齿寒”，赵国最终必然深受其害。

这时的秦国已经十分强大，魏国不堪一击，强秦之所以不敢彻底灭亡魏国，是因为担心其他国家借此发难。如果秦国做事过于蛮横无理，其他小国被逼急了，就会团结起来死力抗衡，秦国的吞并政策必然会失败。

赵国国土面积广阔，物阜民丰，军队力量更是强大，秦国对此既忌惮又忌恨。如果赵国不与周边的魏国和韩国相交建立攻守同盟，秦国一定会趁机侵犯魏国和韩国。一旦魏国和韩国被削弱，秦国接下来的兵锋所指一定是赵国。

秦国的面积还占不到全部诸侯国面积之和的五分之一。秦国能够想打谁就打谁，想侵犯谁就侵犯谁，都是因为诸侯国各自为战，使力量分散的缘故。如果诸侯国参与合纵，集中力量对付秦国，秦国必然不敢来犯。

参与合纵则能为君，加入连横的队伍就要称臣，赵肃侯自然不愿连横。

分析完国家大势，苏秦又分析个人。他认为凡是主张连横的人，目的只有一个，即让诸国割让土地给秦国，他们可以借此位居显贵。苏秦的意思是，连横者的真实意图是为谋取自身利益，他们的行为对国家有百害而无一利。

事情进展到最后，苏秦干脆地说道：“赵、韩、魏、齐、楚、燕应该连为一体，建立攻守同盟，荣辱与共，齐心抗击强秦。

“如果秦国攻击楚国，齐、魏就派军支持楚国，韩国应立刻断绝秦国的粮道，赵军则南渡漳河要挟秦军，燕军固守常山以北，震慑秦国；如果秦国攻打韩、魏，齐国就可以派军支援，楚军能够切断秦军后援，燕军固守云中一带；如果秦国攻打齐国，赵、燕会派兵支援，韩国固守成皋，魏国阻塞秦军要道，楚军切断秦军后援；如果秦国攻打燕国，则韩、魏派军支援，赵国固守常山，楚国驻扎武关，齐军渡过渤海相助；如果秦国攻打赵国，燕国派军支持，韩国驻扎宜阳，楚国驻扎武关，魏国驻扎河外，齐国渡过清河相助。

“在合纵的计划里，合纵国能够连为一体，就如人的整个身体一样。如果秦国攻击任何一国，其他国家就会全力抵抗秦国，作战时如脑使体，如体使臂，如臂使手，如手使指。”

苏秦想象的合纵计划十分完美，然而事实却并不会按照苏秦的设想去发展，因为人心不同各如其面。其实参与合纵的国家也如苏秦所说的倡导连横的人的想法一样，目的是借助别人的力量抵御自己的灾难，一旦他人有难，他们就会袖手旁观甚至企图趁火打劫。

诸国加入合纵之初，都听信苏秦曼妙的言辞，只知其利，不知其弊，赵肃侯的行为就是典型代表。赵肃侯深信自己能从合纵政策中获得如苏秦所说的好处，所以他也像燕文侯一样，将相印交给苏秦，并赠送香车宝马供苏秦游说其他国家。

当时的局势是，周天子畏惧强秦，连祭祀周文王、周武王的肉都赐给秦惠王。秦国大驱军马，以公孙衍为主将攻打魏国。魏国被打败，主将龙贾被擒，雕阴被攻陷。秦军锐气当头，聚集大军准备继续向东挺进。秦军势大，如果在诸国未参与合纵前发起进攻，诸国无力抗击，必然向强秦臣服。

现在仅有两个国家同意联盟，合纵事业刚刚开始。只要秦国知道此事，一定会横加干预，比如秦国若趁合纵计划还没形成时派军攻打其中一个国家，诸国不能互相救援，合纵计划就会立刻失败。

为了拖住秦国的后腿，苏秦略施一计，激怒他的同窗张仪入秦。

攸关前途的舌头

秦国所重用的很多人才都不是在秦国土生土长的，而是被其他国家抛弃后退而求其次，委身低就秦国的，商鞅是这样的人才，张仪也是。

张仪是魏国人，家境贫寒，像苏秦一样，以学习为业，不甘心被人瞧不起，终日渴望出人头地。鬼谷子的学生孙膑和庞涓名噪一时，于是张仪慕名前往拜师。在鬼谷子处，张仪遇上另一位游说大师即后来的合纵家苏秦。苏秦心地仁厚，不似张仪一味争强好胜，见张仪才高，深深折服甘拜下风。

学业完成后，张仪和苏秦为了前途，各奔东西。楚国是实力很强的国家之一，张仪选择了楚国，渴望为楚王的帝王大业添砖加瓦。由于家境贫寒，张仪铺不起通往宫廷的黄金大道，只能暂时栖身在楚相令尹府上。

楚国社会阶层固化，上层与下层之间有很大的鸿沟，身处上层之人往往瞧不起下层人士。张仪虽然能说会道，能够分析时事，却得不到楚相府中人士的认可，就在于他卑微的社会地位。

一天宴饮的时候，轻浮的楚相向众人炫耀一块温润珍美的玉璧。这块玉实在太美了，宴饮诸人互相传看，啧啧称奇，十分渴慕。人多手杂，传来传去，美玉竟然不见了。

所有出席的人中，张仪最为贫寒，结果人人都怀疑他私下隐藏。其实宴饮诸人早就对张仪的不切实际怀有厌恶感，他们想借此机会惩治张仪，出一口心中的恶气。

结果张仪被施以杖刑，在施刑的过程中他始终不承认偷拿玉璧，即使被打得血肉模糊，张仪仍然不承认，众人亦没有证据证明他是偷拿者，只得放了他。

见张仪遭受如此羞辱，其妻很是愤懑。在她看来，既然家贫，张仪就该一心一意地种地耕田，而不是不切实际地妄想靠舌头吃饭，夫婿被人打成这样，她自然又气又恨。

见妻如此，张仪却笑嘻嘻地问，他的舌头还在不在。其妻一听不禁失笑，心想张仪一定被打傻了，屁股挨打与舌头无关，舌头自然还在。

听到妻子说舌头还在，张仪心下大慰，说这就足够了。张仪勤学苦练，目的只有一个——靠舌头吃饭。只要它还在，无论身体上受了多么严重的伤，他都相信自己的明天。

这时，苏秦已受赵王重用，合纵的计划正在实施之中，苏秦害怕秦国突然发兵东进，破坏合纵，急需一个人前往秦国，劝秦国暂不发兵。

有人向张仪建议，既然在楚国碰壁，而苏秦在赵国掌权，他就应该前往投奔苏秦，借助苏秦的关系向上发展。张仪素知苏秦为人厚道，于是听其建议前往赵国投奔苏秦。然而张仪拜上名帖，却迟迟见不到苏秦。

原来，苏秦知道张仪恃才自负，心高气傲，性子刚硬，决不甘心去秦国低就，只好以侮辱的方式激怒张仪去秦国。苏秦嘱咐门人不能为张仪通报，同时必须拖住张仪不能让他离开赵国。

拜上名帖后，张仪就如同被限制了行动，想见苏秦见不到，又欲去不能。如此被拖几天后，才终于与苏秦相见。

接见张仪的苏秦摆出了一份高姿态，故意坐在高处，却让张仪坐在堂下。更令张仪心怀不满的是，苏秦赐给他的食物竟是奴仆、侍妾吃的饭食。不仅如此，苏秦还高声大气地数落张仪，说张仪才高志大竟然沦落到向人乞食的地步。苏秦还说他本想举荐张仪，但是张仪不配委以重任。

千里迢迢前往投奔，张仪被苏秦劈头盖面地羞辱一番，心里很不是滋味，于是他将被折辱的仇恨算在赵国头上。诸侯国中，魏国、齐国、中山国、秦国与赵国相邻，出兵攻打赵国最方便。然而魏国和齐国与赵国无仇，国力又弱小，不能为张仪报仇；中山国是小国，自然敌不过赵国。

放眼天下，只有秦国这个后起之秀能为张仪报仇。为了一雪前耻，张仪决定入秦。

计谋成功了，苏秦对左右亲近的人说，张仪的才华天下之人无人可与之比肩，即使他苏秦也对他甘拜下风。天下之人只有张仪有能力掌握秦国权力，只是张仪家境贫寒且心高气傲，既没有金钱作为进身之阶又不肯低三下四求人。苏秦正是害怕张仪因贪爱小利而忘记千秋大业，因而设计招他入赵国，以羞辱的方式激发他的志向。

苏秦帮助张仪的方式是送他钱财。如果张仪缺乏钱财也会像商鞅一样去求阉人相助，这才是对张仪真正的羞辱。于是苏秦奏请赵王命人带上金钱、财物和车马等跟随张仪，使心腹接近张仪，供给张仪求见秦惠王所需要的金钱、财物和车马。

张仪受到资助后很容易就见到秦惠王，但他并不知道苏秦是幕后策划者。张仪凭借自己的才华很快便得到秦惠王倚重，拜为客卿。秦惠王开始和张仪商议攻打诸侯国的策略。

想当初，秦惠王之所以会忽视苏秦，是因为当时的合纵还没威胁到秦国。现在，秦国重用张仪，却是因为害怕苏秦的合纵策略。张仪既然是苏秦的同学，应该有能力对付合纵。

张仪掌权后，苏秦的门客向张仪告辞。张仪很是奇怪，自己刚刚得到秦惠王的信任，正待好好报答对他有帮助之人，没想到这人竟要告辞离去。这时门客将苏秦的良苦用心全部说出。张仪听后很羞愧，没想到他自己竟坠入苏秦的彀中而不自知，一味感情用事，甚至想报复赵国，真有点不自量力。

为报答苏秦，张仪让门客转告苏秦，只要苏秦当权，他绝不会攻打赵国。

张仪许诺不攻打赵国，于是拨转马头先算楚国的旧账。张仪写信给楚国国相，说他没有偷拿玉璧，却被诬陷，遭受鞭笞之辱。他警告楚国国相，好好守护楚国，因为他不偷玉璧，专偷城池。

张仪的“称霸”路线图

秦国收回河西之地后，楚国完全暴露在秦国的南方，中间只隔一条汉水，很容易攻击。楚王无能不足为惧，但是楚国的实力却不可小觑，秦国不敢贸然前去攻打。正当张仪为灭楚之计忧虑时，秦国西南方的蜀国为他提供了机会。

在秦国的西南方，蜀国是一方霸主。蜀王曾经封他的一个弟弟为苴侯，苴侯治下的汉中与巴国邻近，所以苴侯与巴王交好。然而，蜀王与巴王之间却有仇。蜀王担心苴侯与巴王会联合起来攻打他，防患于未然，蜀王当机立断决定先派军攻打苴侯。

苴侯力量弱小，不堪一击，战败后逃往巴国。巴、蜀两军相遇，战斗异常残酷，打得难分难解，彼此却都没有战胜对方的实力。巴、蜀两个小国家缠在一起发展成了一场耗费国力的战争。

放眼天下，新近崛起的秦国无论别国发生什么事都敢横加干预，不像其他诸侯国缩手缩脚，因此蜀王和巴王都向秦国求救。

好事自动登门拜访，秦惠王很高兴，渴望吞下这块肥肉。蜀国是一方霸主，只要踏平蜀国，巴国等其他小国必然随风而倒，秦国就没有西南方的忧虑了。然而，从秦国出军到蜀国，山地崎岖，道路险要，大多是连鸟兽都害怕行走的栈道，甚至几百年后的唐朝依然如此，李白的《蜀道难》就道出了其中的艰难。

福无双至，祸不单行，正当秦惠王忧虑万分之时，东边的韩国趁机侵犯。都说战国纷乱，而且是越打越乱，因为诸侯国太多，各以自己为中心，唯利是图，见别国有难，总要出兵干扰，横加搅局，分一杯羹。

东边是痈溃之患，西南方是珍馐之诱。秦惠王如热锅上的蚂蚁，看看东边的韩国，又看看西南方的蜀国。如果出兵反击韩国，又担心两国势均力敌，劳而无功，白白浪费西南方的珍馐美味；如果出兵西南，又担心韩国趁机偷袭，将自己杀个措手不及，最终偷鸡不成蚀把米。

这时张仪认为，面对两难抉择应先讨伐韩国，因为韩国接近周王朝的国都。

国都不仅是一座繁华的城市，更代表国家的权力中心。张仪使尽胸中韬略，为秦惠王谋划了一个称霸中原的蓝图。

第一，秦国应该先与魏国和楚国做好邦交工作，拉好关系后，魏国和楚国就不会趁秦国出军韩国的时候横加干预。

第二，与魏国和楚国交好后，秦国火速出军黄河、洛水和伊水这三条大河，占据太行山的羊肠坂道，如此韩国就在秦国的控制之内。

第三，控制韩国后，利用魏国和楚国，让魏国出兵断绝南阳的通道，让楚国出兵挟制郑国。韩、魏、楚、郑等周朝周边的小国家都被制住后，秦国径直攻取新城（今河南伊川县西南）和宜阳（今河南宜阳县西北韩城镇）。这两座城市被攻取后，秦军就兵临周朝国都。大军压境，周朝无力抵抗，天下就是秦国的。

如果第一步、第二步和第三步都走好，第四步就水到渠成。随便找一个借口，出动大军讨伐周王朝的“罪恶”，以此恐吓周天子。如果周天子识相，他还能够当几年的傀儡天子；如果周天子敬酒不吃吃罚酒，杀一个没有军队的天子容易得很。占领周朝国都后，秦国再集中优势兵力，连魏国和楚国都吞下肚。

当然，周天子对百姓有象征意义，不能随便就杀。为了名正言顺，秦国应该先挟制诸侯国，最后才打周天子的主意。一旦天下诸侯都被秦国玩弄于股掌，周天子自知无能，必然献出象征国家权力的九只大鼎。秦国拥有大鼎后，挟天子以令诸侯，按照地图和户籍分封，诸侯莫敢不从，天下同样是秦国的。

蜀国地处穷乡僻壤，尚未开化。即使攻取蜀国，代价也很大，第一士兵疲惫，第二百姓劳苦，第三国家耗费经济，不合算。况且，趁别国大乱就出军攻击，在外的名声也不好。

张仪的观点是，如果想要追求名声，就到朝廷；如果追求利益，就到市场。三川和周朝国都就如市场和朝廷，秦惠王的军队应该开向这个地方，而不是到不毛之地的蜀国。

如果进军蜀国以追求帝王大业，无异于缘木求鱼。张仪将天下大势分析得头头是道，但是他的观点遭到了司马错的反对。

“骗”来的上郡

司马错认为，如果想要国家富强，一定要开疆拓土；如果想要军队强大，一定要使百姓富足；如果想称霸天下，一定要广施仁德。只要具备上述三大条件，帝王大业就水到渠成。

有人认为，秦国疆土褊狭，百姓不够富足，应该先办容易办的小事。蜀国虽是小国，却是西南方霸主，其发生内乱正是秦国进军的良机。如果秦国大军开进西南方，定会有所收获。

如果能够占领西南方，秦国的疆界就会扩大，国家实力就会随之增强。司马错深受礼法影响，做事谨小慎微。他觉得攻打韩国和挟持周天子犯天下忌讳，不仅没有必胜的把握还会影响秦国的名声。

尽管周室已经衰微，但仍受到一些诸侯国的拥护，例如韩国和齐国。周天子与韩、齐的关系非同一般，如果周朝的地位受到威胁，周朝一定会联合韩国、齐国和赵国进行自我保护。一旦周朝借助三国的力量，一定可以化解魏国和楚国的威胁。各国利益犬牙交错，是能够互相制衡的。

再退一步说，如果周天子被逼无奈，他一怒之下将象征权力的九只大鼎送给楚国，又割土地酬谢魏国，那张仪的连横策略就会被败坏。要是真的出现这么坏的结果，秦国到头来只会竹篮打水一场空。

掌权的秦惠王做事也是小心谨慎，所以一切听从司马错的建议。

正如司马错所说，秦国出兵蜀国，在当年十月就彻底占领蜀地。秦惠王贬蜀王为侯，又派陈庄出任蜀国国相。

占领了西南方最强大的蜀国之后，整个西南方就都是秦国的地域。秦惠王十年，公子华和张仪领军攻打魏国的蒲阳（今山西隰县西北）。秦军的战鼓刚刚敲响一通，蒲阳就被攻陷。

张仪认为，对付诸侯国，应该像商鞅对付百姓一样软硬兼施。如果施行右手打压、左手拉拢的策略，诸侯国即使不俯首称臣，也摸不清张仪的意图。

基于此，攻占魏国的蒲阳后，张仪又将其奉还。魏国人一时弄不明白张仪的真实意图。更令人瞠目结舌的是，张仪竟然让秦国公子繇前往魏国当人质。在战国，让国君的公子到其他国家去当人质，只有两种情况：一种是国家很弱小，送质子以讨好强国；另一种是两国结盟，送质子以示诚心。

秦国比魏国强大，完全没有必要讨好魏国。而且，秦国与魏国是一对生死冤家，彼此没有一丝一毫的好感。第二种情况也不存在。

面对行事怪异的张仪，魏王摸不着头脑，却又不敢拒绝。

见魏惠王犹豫不决，张仪随即抓住机会说，秦国对魏国很好，魏国应该以礼还礼。

按照惯例，一国接受另一国礼物后，所还之礼应当更贵重一点。秦国先送魏国城池，就是为了将这个“礼”进行下去，魏国必须还一份相当的礼。魏王就这样将上郡和少梁之地割给了秦国。

秦国改少梁为夏阳。秦惠王对张仪的谋略很欣赏，于是将其封为国相。转眼又过了四年，这四年里，秦国实力大增，张仪正式拥立秦惠王为王，使用秦国自己的年号。

眼看秦国自封为王，其他诸侯国并没有哪个敢跳出来阻止。秦惠王自立为王，身份名誉高于没有称王的诸国国君，野心昭然若揭。

强秦任意妄为，周天子已无力阻止，因为实力不及。但与魏国相比，周天子还是幸运的，因为秦国毕竟没对他造成切身的伤害，而魏国遭受的却是“肌肤之痛”。秦惠王称王一年后，张仪出任秦国将军，攻陷魏国的陕邑（今河南陕县），修筑上郡的要塞。秦国扩张的脚步已经难以抵制了。

第二章

秦国连横之策，事一强以攻众弱

苏秦归家　妻不下机图

屈原卜居图

顺水推舟的说服法

张仪初到秦国时，公孙衍担任大良造。公孙衍是魏国阴晋人（今陕西华阴县东），人称犀首。大改革家商鞅曾经担任大良造，现在秦惠王让公孙衍担任此职，可见对公孙衍十分倚重。

但是公孙衍主张合纵，而张仪宣扬连横，他们在政治上存在不同见解。张仪入秦后，他的学说获得了秦王的认可，公孙衍则遭到排斥。

被排斥的公孙衍十分痛恨张仪，开始找机会报复他。

其实张仪的一生是孤独的，除了身边的几个随从外，他没有真正的知交，每次做事都是孤军奋战，而他的政敌们却团结一切可以团结的力量，甚至不惜利用合纵策略，只求排挤他。

世上英雄惺惺相惜，那样的感情很珍贵。但是，如果没有英雄般豁达，两个人在同一个舞台上相逢，等待他们的只有战斗。陈轸与张仪同朝为官，都为秦国的利益奔波，可是他们的关系却不好，互不相容。

然而，他俩只能算是半个文人，真正身份是同行，他们相斗就是同行相轻。张仪使公孙衍赋闲在家喝闷酒，又倾轧陈轸，可见他们之间的政治斗争很激烈。

初入官场的张仪，凭着年轻人的激情，想打拼一片自己的天地。但是要开创新天地，只有两种方法，一种是做事，一种是排除阻碍自己做事的人。

商鞅的改革破坏了既有秩序，老臣自然反对商鞅。老臣维护既有秩序的目的就是维护自身的利益。作为新人，张仪明目张胆地抢老臣的饭碗，老臣自然不能容忍。因此，张仪整治老臣，老臣也要反过来整治张仪。

张仪对他人的攻击也是出于对自身利益的考虑。

入秦后，张仪发现陈轸的才干不比自己差，担心时日一久，秦王会冷落他而偏爱陈轸，于是他就找机会在秦王面前进谗言。

有一天，张仪对秦惠王说道："您时常让陈轸在秦国和楚国之间往来，现今，秦楚关系已今非昔比，楚对秦已不如以前友好，但对陈轸却一如既往地好。可见陈轸的所作所为并不是诚心为秦国谋利益，而是为他自己。我听说陈轸已经将秦国的机密泄露给楚国。作为大王的臣子，他这样做完全损害了您及秦国的利益。与此人一起共事是我所不愿的。最近我又听说，他打算去楚国。要是果真这样，大王还不如斩草除根，以绝后患。"

秦王听后很是生气，马上将陈轸叫来。一见面，他就对着陈轸直说："听说你想离开这儿，告诉我你准备去哪儿，我好为你准备好车马。"

陈轸听秦王问得突兀，很是莫名其妙，不知所措地盯着秦王。但他很快就明白了是怎么回事，于是镇定地回答："我打算去楚国。"

听到陈轸的回答，秦王对张仪的话更加深信不疑："这么说来，张仪的话是真的？"

陈轸立刻明白原来是张仪在背后进了谗言，他不慌不忙地解释说："此事不仅张仪知道，过路者人人都知道。我正是忠于您，楚王才要我做他的臣子。"

"那你也不应该将秦国的机密告诉楚国啊？"

陈轸对秦王说："我之所以这样做，正是为了迎合张仪之计，以证明我并非楚国的同党呀。"秦王听得很糊涂。

陈轸接着说："我听说，有个楚国人有两个妾，一个年纪大些，一个年轻些。一天，一个人去勾引那个年纪大一些的妾，结果遭到一顿大骂。不甘心的他又去勾引那个年轻的妾，结果得逞。那个楚国人死后，好事者就问那个勾引者：'如果从那两个妾中选一个做妻子，你会选哪一个呢？'他回答说：'当然是那个年纪大些的。'好事者不解地问道：'年纪大的骂你，年纪轻的喜欢你，你为何要娶一个曾经骂你的人？'他说：'当时我当然希望她答应我。但处在她那个位置，她骂我说明她忠于丈夫。我当然也希望我娶到的妻子对勾引她的人破口大骂，对我忠贞不二。'大王，您仔细想想，身为秦国臣子的我如果常把本国的机密泄露给他国，楚国真的会信任和重用我吗？我会不会去楚国，大王您该想清楚了吧？"

秦惠王听了陈轸的话后，消除了疑虑，更加信任他。

即使所有人都说姜还是老的辣，张仪仍然不同意，因为他不怕陈轸。张仪拜的是名师，他受过地狱般的磨炼，办事果断坚决，总的来看，张仪确实略胜陈轸一筹。两人较上劲儿一年多后，秦惠王封张仪为相。

劳累大半生，陈轸一无所获，好处全被张仪得去了。心怀愤恨的陈轸决定联合公孙衍，与张仪大斗一场。

张仪在秦国掌权后，公孙衍自知不是张仪的对手，便退而求其次，请求出使魏国。

这些年公孙衍的日子并不好过。他在魏国也旧被冷落，整天窝在家喝闷酒。由于仕途失意，公孙衍闭门谢客，连陈轸都不见。陈轸命人告诉公孙衍，说他有要事，如果公孙衍不见他，他不会等到第二天。

英雄虽然老了，宝刀还是锋利的。公孙衍曾与陈轸共事，他知道陈轸精明能干。一听陈轸说有要事，公孙衍立刻接见他。陈轸看见公孙衍的身边堆着无数酒坛，想到是张仪将公孙衍害成这个样子，十分伤心。

为了激发公孙衍的雄心，陈轸明明知道其中原因，却故意问公孙衍为什么在家喝闷酒。面对陈轸的询问，公孙衍有冤无处诉，他只能推说因为无事可做。

公孙衍怨气很大，很合陈轸的心意。陈轸保证只要公孙衍按他的计策行事，就能立刻腾飞，身居高位。

在楚国的这些年，陈轸探听到不少楚国的机密，其中一件就是合纵。陈轸告诉公孙衍，魏相田需约集各国合纵共同抗击秦国，可惜楚国犹豫不决，致使大事不成。

如果公孙衍肯出力促使各国合纵，张仪必然被秦惠王责备。张仪失宠，公孙衍不但可以身居高位，还能报仇。

赋闲在家的公孙衍正愁没事干，陈轸为他指出一条明路，公孙衍欣然接受。

口音代表我的心

与陈轸商定好计策后，公孙衍开始全力以赴地执行。公孙衍告诉魏王说，他与燕国和赵国的国君交好。这两位国君见他没事干，曾多次派人接他去玩，所以希望魏王能够派他出使燕、赵两国。

魏王心想，魏相田需游说楚国用了那么长的时间，却只是白白浪费时间、人力和金钱，并没有谈成合纵之事，为什么不让公孙衍去尝试一下？说不定凭借公孙衍与燕国和赵国国君的关系，真能无心插柳柳成荫。

没想到更好办法的魏王只能死马当成活马医。他派公孙衍出使燕、赵，借此机会增进与几国的感情。被秦国打怕了的魏国，最希望实现合纵，联合其他国家的力量，共同抵御秦国。

那时的局势很紧张，各国都如绷紧的弦，听到哪个国家风吹草动，马上就有反应。燕、赵的使臣听说公孙衍将要出使自己的国家，火速通知国君，让他们做好迎接工作。

几个国家一起运动，声势浩大，消息很快传到楚国。

楚王听说公孙衍将代表魏国出使燕、赵，嫉妒之心大作。楚王说魏相田需表面和他结交，实际上魏国却另有打算，对此他十分愤怒，他决定彻底拒绝田需的合纵计划。

事情发展到这个地步，陈轸的计谋已经实现了。陈轸用计精明，连楚王都不知道自己中计。田需更不明白公孙衍声称要出使燕、赵，却迟迟不行的原因。

下雨并不可怕，可怕的是下雨之前的乌云密布，雷电交加。公孙衍光打雷不下雨，目的只有一个——大造声势。

声势，用正面的政治术语讲是舆论，用反面的政治术语说就是谣言。谣言本身并不可怕，可怕的是有人相信它，甚至甘愿为它而献身。

在公孙衍大造的声势下，为了自己利益着想的齐国抓住第一时间行动，将相印交给公孙衍。

历史之所以没有理性，因为人都不相信自己，而是以他人的行为为准则办事。中国有一句成语，叫作“趋之若鹜”，就用来形容这种现象。齐国当了第一只野鸭子，燕国和赵国不服气，也赶紧送相印给公孙衍。

都说“有名自然有利”，公孙衍坐在家里什么都没做，最后却身居高位，这一切恰好印证了这句话。陈轸略施一计，就让公孙衍拿到齐、燕、赵三国的相印，又被魏国重用，这一招实在是高明。

大造声势下，公孙衍重新位高权重，见多了一个外援的陈轸安心回秦国去了。

魏国已经和齐、燕、赵这三个国家联盟了，可以不在乎楚国。

楚国孤立无援，陈轸就可以从中获利，游说楚国依附秦国。

陈轸由楚国返回秦国这一年，正值韩、魏大战。这两个小国家虽然国力不强，但求胜心切。两国打了一年多，互有死伤，但为了决出最终的胜负，两国继续再战。

都说合纵难是因为人心诡诈，各国都只为自己存活，韩、魏交战的例子就很明显。韩、魏大战，互相削弱对方，秦国窥伺间隙，必然趁火打劫。然而，朝臣意见不统一，有的提议出兵，有的不同意。秦惠王委决不下，陈轸恰好此时回到秦国。

如果是往常，秦惠王会咨询陈轸的意见，现在却有些犹豫，因为他不知道陈轸的心向着谁。

俗语言，长久不见感情必疏，秦惠王也是这么想。秦惠王召见陈轸，脱口就问陈轸："你在楚国待了那么久，想念过秦国吗？"（《史记·张仪列传》）秦惠王的言外之意是，你陈轸还是秦国的臣子吗？

最大的怀疑莫过于秦惠王这句话，最大的试探也莫过于这句话。这句话很灵活，秦惠王为自己留了退路。秦惠王用一句很棘手的话试探，陈轸没有直接回答，而是说了一个小小的故事，故事的主角是越人庄舄。

故事是这样的，庄舄是越国一个地位卑微的人，却很有能力，他辅助楚王做到执珪的爵位。庄舄生病了，楚王想知道他是否想念家乡。中谢说，大凡思念家乡的人，如果生病了，他一定会操家乡的口音。只要派人前往探听，看庄舄说话是什么口音就行了。借这个小故事，陈轸想说他操秦国的口音，对秦国忠心不二。

唐人贺知章说："少小离家老大回，乡音无改鬓毛衰。"（贺知章《回乡偶书》）陈轸已经说了一个故事，乡音变没变，秦惠王自然知道。

排除疑虑的秦惠王于是向陈轸咨询韩、魏的战事，陈轸接着又说了一个卞庄子刺虎的故事。

有两只大老虎，一大一小，正在吃一头牛。卞庄子看到后，操起大刀要杀老虎。旅馆里一个小子阻止卞庄子说：两只老虎正在吃牛，吃出滋味后，为了独占牛肉，一定会争斗。两只老虎打架，十分残忍，凶的会被打伤，弱的会被打死。等到它们一死一伤的时候，你抓住时机，很容易就能刺死受伤的老虎。两只老虎都死了，外人不知道其中的过程，一定会夸赞你，说是你杀死两只老虎的。

老虎是假的，老虎所代表的象征意义才是真的。秦惠王问国家大事，陈轸所说的两只老虎，一只代表韩国，另一只代表魏国。陈轸以两只老虎的争斗影射韩、魏之战，借此告诉秦惠王应该等韩、魏两败俱伤，甚至一死一伤时才插手干预，此时的利益才最大。

诸侯国自相残杀，秦国正需要这样的“好事”。凡是敌人的坏事，对秦国来说就是好事。秦惠王欣然采纳了陈轸的建议，静静地看着两只老虎相斗，他也因此而厚遇陈轸。

魏国，合纵的薄弱一环

作为连横家，张仪最大的优势就是可以凭借其非凡的辩才让君王听信其言。张仪在各国间忙碌时，苏秦也同样四处游说诸侯国，劝国君合纵，共同抵御强秦。与连横相比，合纵进展得较为迅速，成绩斐然。

同门师兄弟，一个倡导合纵，另一个主张连横，两人不免互相竞争。从可行性角度而论，张仪的连横比较容易。因为秦国强大，无论是大国还是小国都想依附强国，毕竟大树底下好乘凉。

合纵却很难实行。首先，合纵国之间彼此有仇隙。仇人相见，分外眼红，谁都不能保证对方不会做出伤害自己的事，心理上总是有很强的防卫意识。合纵就像军队作战一样，需要相信对方，甚至连自己的生死都交给对方。可合纵诸国不但不相信对方，甚至彼此防范，根本就是貌合神离。

其次，为了自我利益，常常有人背叛盟约，私下结交强秦。在一个群体内，如果没有一定程度的信任作为彼此联系的纽带，这个群体就是一盘散沙。从长远角度来看，合纵联盟就是一群乌合之众的联合，因为诸国国君相信的人只是苏秦，而不是与之合纵的诸侯国。

一个人能够撑起一个国家，这不是假话，苏秦就撑起了合纵联盟。苏秦就像一根线，将合纵诸国串在一起，使它们成为一条线上的蚂蚱。但是，如果苏秦这根线断了，合纵的诸国就重新变成一盘散沙。

抓住合纵国心志不坚、彼此缺乏信任的缺点，张仪集中主要力量攻击最不堪一击的国家。

建立合纵联盟就如打造铁链，每一个国家所代表的每一个环节都必须打造得很牢固。如果有一个环节的工夫做得不到位，铁链就会断裂。张仪需要干的工作就是打碎合纵铁链上的一环就够了，因此，他的工作比苏秦容易。

放眼天下，魏国是合纵链条上最薄弱的一环，张仪决定出使魏国。张仪做出这个决定，有三大原因：

第一，魏国是衰落的大国，屡屡遭受秦国侵犯，无力自卫；

第二，魏国被秦国侵犯时，其他合纵国没发兵相救，这让被孤立的魏国深深感到不公平；

第三，张仪对魏国软硬兼施，与魏人熟悉，对魏王很了解。

辞去秦相一职，张仪前往游说魏国，劝它脱离合纵，归附强秦。张仪以为很容易就会将魏国说服，结果却并非如此。尽管吃了秦国多次败仗，甚至曾经面临亡国的危险，但魏国态度还是很强硬。

魏国之所以能够如此强硬，第一是因为怨恨，第二是因为有了靠山。魏国屡遭秦国侵犯，怨恨极深。此外，魏王已经重新加入合纵，现在的合纵已经不是以前的合纵了。魏国的风光已经不在了，实力远不如前，魏惠王对秦国的忌恨却没有随着国势的衰弱而减弱。

和平谈判解决不了问题，就用武力解决。魏惠王不吃张仪的敬酒，秦惠王送来罚酒，发兵攻打曲沃（今河南灵宝东北）和平周（今山西介休西）。

结果魏国仍然不堪一击，秦军大胜而归。攻陷曲沃和平周后，秦王对张仪万分优待。

如果没有张仪出使魏国，干扰魏人的视线，魏国肯定不会这么容易就被打败，秦王因此优待张仪。游说魏王不成，致使秦王大怒发兵，耗费国家积累，还无功受禄，张仪心里过意不去，不好意思回秦国，所以继续待在魏国。

在一个制度不健全的国家，如果老国君突然死去，可能会引发内乱。如果魏惠王死后，魏国发生内乱，张仪就可以居中策划魏国依附秦国。即使魏国不发生内乱，继位的也是新君。新君社会经验不足，张仪更可以发挥自己的优势。

老魏王顽固不听话，张仪只能打新魏王的主意。四年后，老魏王果然死了，新魏王继位，人称魏哀王。将门出虎子，魏哀王也不是省油的灯。魏哀王虽年轻气盛，却并非毫无头脑，所以并没有被张仪的计谋蛊惑。

四年的宝贵光阴像流水一样，一去不复返，游说仍旧毫无结果，张仪很是失望。既然游说不成，他便开始暗地里策划秦国攻打魏国。

魏惠王在位时没有打过秦国，魏哀王还是打不过秦国。秦、魏两军相遇，参战的士兵未必相同，战争的结果却是一样的，即魏国只有挨打的份儿。

自从庞涓死后，魏国一蹶不振，接连被秦、齐欺压。东有强齐，西有猛秦，魏国两头受气。两个强大的国家夹击魏国，就像两座大山一齐压向魏国，魏国无力抗拒，除了挨打还是挨打。落后就要挨打，这是至理名言。在混乱的战国，这句话更被封为金科玉律。

被秦国打败一年后，魏国接着在观津（今河南清丰南）大败给齐国。偌大的一个魏国，随着土地一天天被削割，国家已经危如累卵。

在秦国接二连三的打击下，魏国的衰落愈来愈快。

魏国衰落了，无论大国小国都想趁火打劫，秦国更想将其吞并。但与魏国接壤的韩国开始担心唇亡齿寒。所以当强秦将魏国逼上绝路，韩国站出来尽力帮魏国解围。秦国欲出兵伐魏，小小的韩国却敢跳出来干扰，秦王大怒，于是发兵攻打韩国。结果秦、韩两国军队相遇，韩军势弱，不堪一击，被秦军斩杀 8 万余人。

秦国一举诛杀 8 万多韩军，其余的诸侯国都十分恐惧，对秦国更加畏惧。

古代战争，人力很重要，极少出现斩杀 8 万敌人的情况。秦国大开杀戒，诸国国君开始胆战心惊了。

最伟大的推销员：张仪

秦军不惜残害俘虏，上演一出杀鸡儆猴的好戏，为的就是能够进一步壮大自己的声威，张仪抓紧时机再次游说魏哀王。

魏国土地不到一千里，军队不过 30 万，地势平坦开阔，夹在诸国之间，就如车轴的中心。如果魏国像秦国一样，强大得想打谁就打谁，这样的地理位置就会很有优势，因为可以向四方扩展领土。

魏国的南边有强大的楚国，西边有居心叵测的韩国，北边有贪得无厌的赵国，东边有虎视眈眈的齐国，只守卫边疆就需要不下 10 万的兵力，耗费巨大，魏国难以支持。这几大国就像几只大脚，如果一只脚踩魏国一次，魏国不死也要重伤。

更令魏国人感到痛苦的是，魏国都城四周没有山川的险要作为屏障。从韩国国都新郑（今河南新郑）到大梁只有两百多里，一路十分平坦，敌人的战车倏忽而至，十分危险。

分析完地理位置后，张仪开始剖析魏国的利害。张仪说，魏国属于兵家必争之地，是一个天然的战场。魏国与周边诸国相交，为了自身利益不可能一视同仁，必然出现厚此薄彼的现象。

如果魏国与南方的楚国交好，忽视东边的齐国，齐国心下不忿必然侵犯魏国的东部；如果魏国极力结交齐国，将所有的好处都送给齐国，被冷落的赵国必然侵犯魏国的北部；如果魏国诚心与楚国、齐国和赵国交好，不理睬西边的韩国，韩国必然进攻魏国的西部。

一个国家夹在几个国家之间就像坐在荆棘丛中。如果魏国还是以前的魏国，这些刺不能刺伤它。可如今，秦国将魏国的盔甲给撕破了，魏国现在等于以肌肤接触四周国家的荆棘。

魏国依赖合纵，张仪就釜底抽薪，剖析合纵策略的利害。张仪说，诸国赞同合纵目的只有一个，凭借它使国家安宁，百姓富足，军队强大，君主受到尊崇，名声得以彰显。合纵诸国歃血盟誓，相约为父兄昆弟，立誓互不侵犯。这些都只是形式，都是虚的，不切实际。

合纵只是理想，却不能代替现实。张仪举例，即使是同一父母所生的亲兄弟，尚且有为了钱财而争斗致死的事例，何况合纵诸国本就觊觎别国的土地，都企图称霸天下。

参与合纵诸国的国君各怀鬼胎，合纵策略能够续而不断，全是苏秦从中斡旋之功。张仪指出其中利害，魏哀王十分害怕，一时不知道该如何是好。见魏哀王七分害怕，三分犹豫，张仪向前迈一大步，诱惑魏哀王侍奉秦国。秦国实力最强，凡是小国、弱国都想躲在这棵大树下避雨遮阳，然而，实际上秦国的野心更大，诸侯国都担心引狼入室。

普天之下，秦国实力最强，秦国发话没有哪一个诸侯国敢不听。如果诸侯国敢违背秦国的意志，秦国就用武力解决问题。

如果魏国不侍奉秦国，秦国就会立即挥师东渡黄河，占领魏国的卷（今河南原阳西北）、衍（今河南郑州北）、燕（今河南延津东北）和酸枣（今河南延津西南）等地，夺取魏国的阳晋（今山西虞乡西）。

一旦阳晋被秦国控制，赵国军队就被切断，必然无法南下救援，同时魏国也无法北退，合纵的优势就会破灭，魏国会立刻被秦国孤立。韩国将不堪一击，在强秦的威胁下必然归附。一旦韩国归附秦国，秦、韩军队合击魏国，魏国的灭亡指日可待。

张仪说了半天，原来秦国对魏国的威胁最大，魏哀王被吓得魂不附体。为了宽释魏哀王忧惧的心，张仪说，虽然秦国对魏国的威胁很大，但不想伤害魏国，因为他的目标是楚国。

诸国之中只有魏国最方便侵犯楚国，因此秦国十分渴望结交魏国。楚国是一只纸老虎，它的富足和强大都是虚假的，实际不堪一击，因为楚军毫无纪律，是乌合之众。

最强大的秦国想侵犯楚国，而深受威胁的魏国最方便削弱楚国。为了自身的安全，魏国应该为秦国损害楚国，转嫁灾祸。如果魏国不立即行动，一旦秦国大军东进，等待魏国的只会是灭亡。

秦国虽然强大，然而，自从魏国参与合纵后，秦国并不敢对魏国轻易动手。

魏哀王相信苏秦的合纵之术，因此并不会轻易接受张仪的观点。正是看到了这一点，为了说服魏哀王，张仪不得不损一损合纵家。

合纵家与连横家都是游说之士。合纵家批评连横家，或者连横家批评合纵家就像矛攻击盾。张仪说，合纵家只会空口说大话，唱高调，做不了实事。合纵家的真正目的是为国君谋求霸主之位。秦国能够发展强大，就是因为杜绝了空口说白话的空想家。

为了摧毁魏哀王的最后一道防线，将其彻底征服，《史记》记载，张仪说：“积羽沉舟，群轻折轴，众口铄金，积毁销骨”（《史记·张仪列传》)。他的意思是，羽毛虽轻，聚集多了，可以使船沉没；货物虽轻，装载多了，车轴也会被压断；众口悠悠，毁誉背负过多，金石之人也会被销熔；如果遭遇的诽谤过甚，即使是骨肉至亲也会被毁灭。张仪的弦外之音是，合纵一点都不好，不值得为它赌上魏国的明天。

在张仪的巧言妙语下，魏哀王最终同意了他的对策。于是张仪请求西归秦国，此次西归，张仪带回的好消息便是魏国背弃合纵，命张仪为使，愿意与秦国交好。

作为无力自保的弱国，面对大国争强，魏国如同狂风里的小草，随风摇摆。三年后，局势大变，魏国背叛秦国再次参与合纵。秦国大怒之下出兵夺取曲沃，曲沃被占后，魏国第二年再次侍奉秦国。

衰落的魏国，在诸侯征战中，已经变得随风摇摆，无力自保了。

第三章

昏庸楚怀王，贻害楚国的罪魁祸首

空手套白狼的智慧

张仪能言善辩，但治理国家的能力却不行，无法比之商鞅。他刚到秦国，公孙衍便前往魏国游说合纵。没有魏国的参与就没有连横大业。如果张仪能够说服魏国依附秦国，参与强秦的连横之计，这能证明他有用。可是，张仪在魏国待了四年多游说毫无结果。如果没有秦国大军压境，魏国必然不肯依附秦国。

经过几番试用，张仪虽历尽千辛万苦却没有获得多少功劳。秦惠王对其心生不满，这一点张仪自然能够看出来。作为臣子，如果想赢得国君的好感，就要为他的事业做出贡献。

彻底削弱魏国后，楚国就成了秦国的眼中钉。张仪曾经遭受楚国鞭笞，所以对楚国万分痛恨。张仪想立功，更想一雪前耻，所以游说楚国的任务就落在了他身上。

这些年，张仪不仅没有功劳可以夸耀，还害得秦国的国家名誉直线下降，甚至跌入深谷。秦惠王对此很不满，所以减少了张仪入楚的费用，这无疑增加了张仪的困难。

想当初，张仪入魏时即使立功不大，秦惠王照样重金优待。

《史记》记载，张仪游说魏国不成，秦惠王“复阴厚张仪益甚”（《史记·张仪列传》）。意思是，张仪没有功劳也有苦劳，秦惠王私下很优待张仪。

那时秦惠王重金优待张仪，因为张仪是初事秦国，值得培育。给了几次机会后，张仪并没有发挥出应有的作用。所以秦惠王心下失望，对张仪也就冷淡了。

资金不足，张仪生活十分拮据，连属下都不愿跟随了。张仪叫属下不要灰心，因为山穷水尽之后必然是柳暗花明。

随从们跟随张仪许久，知道张仪能说会道，一贯擅长坑蒙拐骗，铁了心不再听张仪的花言巧语。然而，张仪说得天花乱坠，随从们竟然不知不觉中又开始相信张仪。

自从辅助秦国以来，张仪留给楚国的印象不好，楚怀王自然不喜欢他。

遭受冷遇，张仪心生一计，以退为进，说要去韩国。张仪死死缠住楚国不放，赶都赶不走，现在他主动离去，真是大好事。楚怀王的脸色刚缓和，张仪立刻问，楚怀王是否有什么需要，例如让张仪传个话给韩国。楚怀王巴不得张仪立刻离开，说楚国物产丰富，黄金、珠玉、犀革和象牙等应有尽有，没有什么需要。

听完楚怀王的话，张仪轻轻一笑，斜着眼睛很诡谲地问，难道楚怀王不好色吗？

楚怀王听后，双眼发直，痴痴木木。出使之前，张仪早就将楚怀王的背景、性格和癖好等打探得清清楚楚。

如果张仪不了解楚怀王，不知道他的要害，怎么敢向自己的随从保证好日子即将到来？楚怀王有四大缺点，第一大脑不够用，第二贪财，第三好色，第四惧内。

身为一国之君，楚怀王的第一、第二和第四个缺点都可以弥补，唯独好色这一点不能弥补，因为楚国地处南方，美女没有中原多。

中原地区的美女，打扮得十分漂亮，妖艳妩媚，初见还认为是仙女下凡，再见简直就是终生难忘。楚怀王十分好色，自然被张仪描述的美女唬得神魂颠倒。所以他希望张仪帮忙，并且赠送张仪大量金钱、珠玉等作为经费。

拿了楚怀王的财物，张仪却迟迟不走，而是暗中散播消息，说他要为楚怀王到中原寻觅美女。

南后和郑袖听说这个消息后，火速拜访张仪，赠送大量金钱贿赂张仪，让张仪不要到中原寻觅美女。南后钱多，送张仪金千斤；郑袖也出手大方，送金五百斤。张仪收下二人的钱财后，向她们保证，她们的位置会安然无恙。

表面说为楚怀王寻觅美女，实际上张仪想借此为诱饵，将楚国王宫上下全部吃定。在送别的宴席上，张仪表演得更加精彩，也将自己的目的暴露无遗。

临别，楚怀王尽情款待张仪，张仪要什么就给什么。在这桌宴席上，张仪好像成了国君，楚怀王则沦为人臣。

在席上，张仪对楚怀王说，听说南后和郑袖是楚国大美女，希望一见。张仪夸赞楚怀王的妻子和小妾，就等于夸赞楚怀王的眼光，楚怀王万分高兴，也想让张仪见见楚国美人，于是命人唤南后和郑袖。

见到南后和郑袖后，张仪立即扑倒在地，大呼该死。楚怀王不明其中的原因，问张仪怎么了。张仪说，南后和郑袖比天仙还美，中原美女比不上，他不敢到中原寻觅美女。

楚怀王本来就惧内，张仪将楚怀王暗中寻觅美女的事和盘托出，分明是破坏楚怀王的家庭和睦。妻子和小妾凶如猛虎，楚怀王只能宣布取消寻觅美女的计划。

寻觅美人只不过是计策，张仪绕了那么大的一个圈子，只是想赢得楚怀王的好感。用功于有意之中，成功于无意之时，张仪不仅获得楚怀王的好感，还因此深受南后和郑袖喜爱。

楚怀王、南后和郑袖被张仪逗得团团转，不仅没有发觉上了张仪的当，还诚心感激张仪，这从正面证明张仪聪明，从侧面则证明楚怀王等人的愚笨。

天下没有免费的午餐

秦国摆平魏国后，周王朝国都附近的小国都不敢跟强秦叫板，而是缩头缩尾地参与合纵，谋求一时之安。秦国凭其势力已经完全控制了周王朝国都一带的局势。

放眼天下，秦国成为最强的诸侯国，南方的楚国、东方的齐国和北方的赵国则已成为二流国家。

如果要称霸天下，秦国必须削弱齐、楚、赵，其中齐国和楚国最难对付，因为这两个国家关系不错又参与合纵。

经过寻觅美人一事，楚怀王对张仪大有好感，却将自己的弱点暴露无遗。他对张仪非常好，留出上等席位，空出舒适的住所，天真幼稚地厚待张仪。

接见张仪时，楚怀王开门见山地问，楚国偏僻鄙陋，张仪不远万里而来，不知有何教诲。见楚怀王如此直白，张仪也没有拐弯抹角，他干净利落地说，只要楚国与齐国断交，秦国立刻割让商、於一带600多里的土地酬谢。

商、於之地就是广大的汉中地区，土壤肥沃、物产丰富，是各诸侯国垂涎之地。秦孝公曾将这片土地分封给改革家商鞅，更增加了这片土地的名气。

只要与齐国断交就能获得600多里的肥沃土地，楚怀王顿时眉开眼笑。张仪又说，楚、齐断交后，秦国将嫁女子给楚国，秦国男子将娶楚国女子，使两国百姓你中有我，我中有你，亲如骨肉兄弟。

能够和强大的秦国通婚，甚至誓约为兄弟也是诸侯国的梦想。楚怀王听到此处，不多说话，也不细问，允诺与齐国断交。

上梁不正下梁歪，国君贪财好利，群臣大多是鼠目寸光之辈，只有屈原和陈轸等人例外。听说秦国将割让600多里土地给楚国，朝臣纷纷前来庆贺，只有陈轸发出异样的声音。

国君正在兴头上，陈轸却当头泼楚怀王一头冷水，楚怀王对其很是愤恨。自古忠言逆耳，遇上楚怀王这种国君，除了成全陈轸的忠义之名外，乾坤之势无力扭转。

陈轸公然唱反调，楚怀王大怒，问陈轸是何居心。楚怀王的言外之意是，既然陈轸对利国利民的事反感，国家就没有供养他的必要。楚怀王已作此打算，如果陈轸说话稍不留神，错了一言半语，必然大祸临头。

然而，陈轸是忠臣。凡是忠臣，都有一个特点，他们为了理想不怕流血牺牲。陈轸说他希望国家发展，更希望国家扩张疆土。然而，秦国是虎狼之国，张仪诡计多端，他们从没干过损己利人的事，割地一事必有诈。

陈轸接着说，秦国结交楚国，全因楚、齐联盟互相救援。如果楚国无缘无故就与齐国断交，必然得罪齐国。一旦楚国得罪齐国，楚国就孤立无援，秦国就会趁机侵犯。如果秦国向楚国宣战，心怀愤恨的齐国肯定会趁火打劫，后果不堪设想。

所以，陈轸建议收到秦国 600 多里的土地后，再与齐国断交。

这一计，进可攻，退可守，是好策略。如果秦国不割让土地，齐、楚联盟依旧，楚国高枕无忧；如果秦国割让土地，楚国可先与齐国断交，获得肥沃的土地。如此一来，秦、楚、齐三国相斗，楚国居中，可以坐收渔利。然而，楚怀王被利益冲昏头脑，拒不采纳，疾言厉色地制止陈轸。

对楚怀王而言，利益是罪恶的深渊，他不听陈轸之言，一步步陷入张仪的圈套。楚怀王发书齐国，断绝联盟关系；同时授予张仪楚国相印，并赠送大量财物，派一支队伍跟随张仪入秦，前往接受 600 里封地。

目送张仪入秦，楚怀王很高兴。这么容易就说服楚怀王，是接受任务以来最容易的一次，张仪更高兴。想当初，张仪入魏，耗了 4 年多的时间都没彻底说服魏国，最终还要借助秦国大军，真令游说之舌受辱。

尽管楚怀王糊涂，他也做了一件聪明事。他派遣一支队伍跟随张仪，实质是监视张仪，预防张仪私下使用诡计。

但割地一事不过是张仪的一时谋略，信以为真的楚怀王派遣使者前去接收土地，自然不会有好结果。秦国凭借张仪的巧言善辩，甚至不惜出动大军，好不容易扩张疆土。自从秦国崛起以来，只有其他国家割让土地给秦国，绝没出现过秦国割让土地给其他国家事。

所以刚到秦国，张仪便略施一计使楚国使者定在秦国，久久不归。

进入秦国都城，下马车时，张仪假装没拉稳车上的绳子，跌下马车，摔伤筋骨。

伤筋动骨 100 天，张仪躺在床上，三个多月没上朝。张仪不上朝，割让 600 多里土地的事就这么耽搁着，楚怀王十分焦虑。

好端端的一个人，突然摔伤了又借病不上朝，聪明人一眼就看出其中的欺诈。如果张仪诚心割让土地，即使病了也可以命人传话给秦王。张仪缄口不言，不肯割让土地的意图昭然若揭，简直是此地无银三百两。

赔了夫人又折兵

张仪的行为是此地无银三百两，楚怀王却对张仪深信不疑。张仪摔伤了，楚怀王虽然看出是一场表演，但楚怀王认为张仪故意摔伤是因为楚国与齐国的断交做得不彻底。

为了彻底与齐国断交，迎合张仪，楚怀王表演了一出狠毒的戏，恶言恶语地辱骂齐王。楚国已经和齐国断交了，使臣不能随意出入齐国。为了进入齐国，楚怀王派遣勇士到齐国，强行借用齐国的符节。

勇士持节过关，像泼妇骂街一般辱骂齐王。出动勇士，强借符节，恶言辱骂，只有一心趋利的楚怀王会这么做。

士可杀，不可辱，身为国君，更加不能受辱。楚国无故断交，为了合纵大业，齐王一直在隐忍，没想到楚国居然越发得寸进尺。

如果这样的丑事都能容忍，还有什么不能容忍？楚怀王的表演踏入了齐王的禁区，为了报复，齐王不惜破坏合纵。

齐王砸碎合纵的符节，低声下气地巴结秦国。秦、楚、齐三国的关系发展至此，优势、劣势易位，秦国暂时退出，静观楚、齐相斗，坐收渔利。

刚开始，秦国的目标是齐国。然而，头脑简单的楚怀王被张仪玩弄于股掌，一步步将楚国带入众叛亲离的悲惨境遇。

都说张仪的舌头是祸根，其实应该说，张仪的舌头是祸源，楚怀王才是祸根。

楚国使者在秦国等了100多天，楚怀王那边催得急促。待使者终于逮到张仪后，死活不放，要求张仪兑现诺言。

张仪告诉他们，说他会兑现割让六里土地的诺言。楚国使者一听，目瞪口呆，不敢相信自己的耳朵。

使者回报说张仪只割六里地，楚怀王大怒，想要发兵攻打秦国，他还没发现自己仍被张仪牵着鼻子转。楚国国力不及强秦，派军进攻秦国无异于以卵击石，自取灭亡。再说，齐国无缘无故被楚国恶言辱骂，恨不能将楚怀王生吞活剥。如果楚国卷入战争，齐国必定趁机报复，那时楚国必然腹背受敌。

见国家大祸临头，陈轸再次奋勇直谏。陈轸说，秦国实力雄厚，攻打秦国有弊无利。与其出兵秦国，不如割让土地求和，联合秦军攻打齐国。

如果楚、秦合军一处，齐国不能抵挡，一定会割地求和。楚国割地给秦国，再割齐国的地弥补，以地补地，楚国受损不大。陈轸洞悉时局，知己知彼，办事稳妥可靠。然而，此时的楚怀王仍不用忠言，一意孤行。

楚怀王调动大军，以屈匄为将军，浩浩荡荡地进军秦国。打仗讲求的是实际战斗力，而不是表面的风光。楚国军队浩浩荡荡，气势骇人，然而，楚军只是空有其表，并无真正的作战实力。

国家崛起后，秦军南下征讨蜀国，多次出军魏国，军队的战斗经验丰富。相比而言，楚军逊色很多。首先，秦人以耕战为业，兵士是靠打仗吃饭的专业人才，战斗力很强。楚国军队平时耕田种地，急时参加战斗，专业素质不如秦军。

其次，秦国军队久经战阵，饱受磨炼，斩杀敌人越多封赏越厚，以战斗为乐；楚军却害怕战争，厌恶打仗，士气不如秦军。

最后，这些年来，秦军战斗，百战百胜，敌人望风披靡，楚军早就震慑于秦军的威势。

只与秦军交战，楚军也并无胜算的把握，何况另有齐国支持秦军。齐国加入战斗，不仅使楚军的战斗力相对削弱，更凸显了楚怀王的孱弱无能。

齐、楚联盟天下皆知。楚怀王听信张仪利诱之言，见利忘义，公然辱骂齐王，这有损他的国君形象。国君无能至此，有力量、有谋略的人绝不肯为这样的人卖命。

外有外患，内有内忧，楚怀王无能，必定不能保全国家。

秦、齐联军，分两头攻打楚军，楚军不堪一击，被斩杀8万多人，大将屈匄战死，丹阳、汉中等地被抢夺。这一仗打下来楚国元气大伤，百姓困顿，军队疲弱不堪，民不堪命。

国家遭受战祸，民不聊生，楚怀王不但不知自省，反而大喊大叫，声称要报仇雪耻。然而，报仇讲求实力，没有实力，纵然雄心比天高，仇仍然不能报。

当时秦孝公继位后，立志报复魏国，广招天下贤才，任用商鞅改革，经过十多年才积蓄出报仇的能力，楚怀王却并无此耐心。

第一场战役惨败，楚怀王不知吸取教训，仍一味死缠烂打，再次调集大军反扑。

秦军锐气当头，秦惠王正想一举歼灭楚军，彻底击毁楚国，使它没有争战天下的能力。楚怀王开动大军倾巢而出，正合秦惠王心意。

楚军来势凶猛，秦军更加凶猛，因为多来一个楚军，秦兵杀敌立功的机会就增加一个。秦、楚两军在蓝田（今陕西蓝田西）相遇，拉开阵势打了一场声势浩大的阵地战。

秦军盼望杀敌立功，楚军渴望杀敌报仇，因此秦兵不放过楚兵，楚兵也不饶恕秦军。大军混战，杀声震天，尸积如山，血流成河。

尽管人多势众，报仇心切，楚军还是惨败。楚军大败后，为了社稷安稳，楚怀王不得不割地求和。

太子横事件

战国中后期的战争，都是围绕着两个方面出发，一是强国分化打击弱国，二是弱国联合打击强国。很多时候，秦国就扮演着强国的形象。于是，就在那个风云激荡的年代，诞生了苏秦、张仪、范雎等一系列风华绝代的合纵连横家。

苏秦合纵政策主要是游说六国诸侯实行纵向联合，一起对抗强大的秦国，但后来被秦国范雎的远交近攻所打断。而张仪的连横政策则正好相反，他以秦国联合东方各国，打击弱小国家为策。

合纵连横的本质在于：各个国家为了拉拢盟国与其他国家对抗，而进行的相关外交、军事斗争。合纵的目的在于许多弱国联合起来，共同抵抗一个强国（秦国），以防止强国的兼并。连横的目的则在于以一个强国为靠山，再徐图进取其他的弱小国家，强国可以一箭双雕、坐收渔翁之利，也希望能够借此扩充疆界和土地。

于是，刚刚从内乱中走出来的秦国，正准备休养生息、厉兵秣马，在图取中原，就遇到东方楚国、魏国、赵国等的联合进攻。

没有参与联合的国家，也不会帮助秦国，他们的意图很明显，想着坐山观虎斗、浑水摸鱼。

所以各国自然不会放弃秦国内乱这么一个千载难逢的机会，但令他们没有想到的是，随着范雎辗转进入秦国，秦国的外交策略也逐渐发生变化，从一开始的盲目对抗，发展为远交近攻、各个击破，并逐渐瓦解了东方列国的合纵策略。

恰好楚国和宣太后有旧，宣太后、魏冉以及秦昭襄王嬴稷遂商议，可以趁着楚国没有防备，先下手为强。秦国和楚国交锋的军事重镇在上庸。上庸，此时正处于秦国和楚国两国边境上，实际上应该算是楚国的土地。上庸由于北可以进取中原，南可以深入楚国，东可以驰骋江南，西可以防备川蜀，因此历来为兵家必争之地。

《尚书 · 牧誓》中对这一地区有相应记载，公元前 1046 年，商纣王暴虐，惹得民不聊生，周武王便顺天应命，挥师伐纣。周武王会同巴师八国，共同伐纣，双方在牧野大战，此刻上庸之地尚有庸国，庸国位居八国之首，与周王朝共同讨伐商朝。

春秋中期，庸人善战之名，名震天下，所以有人声称：唯庸人善战，秦、楚不敌也。公元前 611 年，楚国发生严重的灾荒，国力大损，庸国于是趁此机会，向楚国进军，没想到当时的楚国早已经和秦国以及庸国西方的巴国联合，共同抗击来犯之敌。庸国自此国破家亡，国土也被楚、秦、巴三国瓜分。

至战国中后期，战略要地上庸，可谓在夹缝中求生。为保证自身安全，上庸之地总是朝秦暮楚，因为此时的秦、楚实力相当，孰弱孰强实在难以定夺。

九歌图卷　清　汪汉

（接上页）九歌图卷　清　汪汉

楚国趁着秦国经历祸乱的几年时间不断地整军备战、发展生产，此消彼长之下，楚国较之秦国，已经是势均力敌。

周赧王十一年（公元前304年），鉴于楚国的强势以及宣太后的身份，秦、楚两国谈和，秦国将上庸之地还于楚国，楚分置上庸郡和汉中郡，上庸郡治上庸，汉中郡治西城（今陕西安康市）。

此后秦国和楚国围绕上庸展开了一系列外交行动。其中最为成功的，就是秦国借上庸，换取与楚国的联盟，从而分化瓦解了齐国、韩国、楚国以及魏国的合纵之策。

但作为东方大国的齐国，在秦楚联盟后开始为本国今后的发展担心。因为楚国背弃东方，使东方力量减弱，倘若强秦压境，各国恐怕很难自保。愤怒之下，齐国纠集了韩国和魏国，三路大军气势汹汹，一起南下征讨楚国。秦国刚刚和楚国订立盟约，但在是否参战这一问题上，秦国开始犯难。因为当时的秦国刚刚经历变乱，人心思治。上至君王太后，下到平民百姓，无不希望能够有一个良好的国际局势，让秦国得以休养生息、养精蓄锐，所以对战争比较排斥。但秦国对于楚国也有援助的理由，一来楚国如果遭到致命打击甚至灭亡，则齐国势必会实力大增，非秦国所愿；二来盟约初立，秦国并不惧怕背信弃义的名声，但是如果能够保全楚国，则楚国势必会感恩戴德，从而巩固盟约，制约东方列国。两相比较之下，秦国决定先做观察，再定计较。

楚国自然也看出了秦国的犹豫，于是，权衡之下一种常规性的制度开始发挥作用，那就是质子制度。

质子制度在春秋战国时期是一种重要的外交策略，一般见于小国对大国、弱国对强国的臣服。所谓质子，即一国君主将自己的子女等亲近亲属送往另一国，以表示对那个国家的诚意。战国时期质子制度十分盛行，各国之间无论是为了进一步加深友好关系还是消除猜忌，是言和还是乞援，都有交换质子的事情。

楚王决定派遣太子横去秦国做质子，以表示楚国对于盟约的坚守。秦国见此决定挥师前去援助楚国。只可惜人算不如天算，太子横竟然在一次斗殴中，将秦国的一位大夫致死，事发后楚太子横连夜逃回楚国。

秦国本“打算”出兵援助楚国，可太子横事件使其立即调整政策，矛头直指楚国。秦国宣太后、魏冉、范雎等人一致决定，倒戈一击，发兵楚国。

外交不是儿戏，秦国只因一个大夫的意外之死，就完全转变了策略，不免让人生疑：太子横事件发生的过于巧合，其倘若是与一地痞流氓斗殴尚符合情理，与一国大夫斗殴似说不过去；大夫之死纯属意外，秦国若为此大动干戈，于情于理也说不过去，何况秦楚两国一直处于交好的状态，如果两国的盟约坚定，太子失手杀了人，最多表示一下谴责，何以会马上就兵戎相见呢？

因此可以猜测，秦国早有预谋。楚怀王屡次侵犯秦国国境，其依然是东方第一强国。秦与楚订立盟约，不过是秦的缓兵之计。与秦订立盟约的楚在东方各国间受到非议，遭到排斥，更有以齐国为首的东方大国要对其进行讨伐。秦国分裂东方势力的目的似乎达到了，借助东方各国的力量，秦国可以解除楚国对自己的威胁，这对于秦国一统天下的大事可谓百利而无一害。所以楚太子横刚刚逃出秦国，秦国就派遣使者，前去和齐国商议出兵事宜。

一年之后，秦国纠集了齐国、韩国、魏国三国，共同攻打楚国，楚国大将唐昧因此被杀，重丘离去。此一役，齐国不仅占领了楚国的数十座城池，并且成功地瓦解了秦国和楚国的联盟。战争使得齐国的实力再一次获得了各国的认可，其成为东方抗击秦国的领导国家。齐国成为当时最大的赢家。

两年之后，秦国又一次攻打楚国，楚军大败，两万楚兵被斩杀，连楚国大将景缺也未幸免。一时之间，楚国几乎无将可用，楚国犹如惊弓之鸟，时刻担心秦军某一天会突然出现在楚国的国都下。无奈之下，楚国想到了东方的另一个强国齐国，于是太子横再一次作为质子前去齐国，以求取齐国的谅解和帮助，同时也转移秦国的进攻目标，使其不敢妄自攻打楚国。

楚国此举可谓正中齐国下怀，齐国之所以进攻楚国，其主要的战略目的固然有削弱楚国，抢占其土地的意图。但是它此时并没有一统天下的野心和实力，而秦国却有。为了防止秦国对东方六国各个击破，齐国才联合诸国共同打击秦国和楚国的联盟。所以太子横到达齐国国都后，秦军不敢再进攻楚国。

第四章

以合纵对连横，苏秦难救六国

合纵的秘密

前文说道，为牵制强秦的快速挺进，苏秦使计激怒同窗张仪入秦。张仪入秦后，苏秦马不停蹄，火速前赴韩国游说韩宣王。

秦国十分贪心，如果韩国侍奉秦国，秦国一定会强行索取宜阳和成皋。而如果韩国割让土地，秦国一定不会就此罢休。

年复一年，韩国的土地越来越少，秦国的贪欲却越来越大。如果韩国受不住秦国的压榨，突然不再割土地给秦国，韩国就会丢掉以前割地讨好的功效，遭受祸患。

苏秦分析有理，韩宣王听得胸中愤怒。

土地是有限的，贪欲是无穷的，以有限的土地侍奉无穷的贪欲，这叫拿钱购买怨恨，纠结灾祸。俗语言，“宁为鸡头，不为凤尾”，苏秦劝韩宣王仔细思考未来。苏秦如此分析，韩宣王对自己曾经做出的决定很是后悔。

韩宣王虽然没有谋略，但是十分勇猛。被苏秦点化后的他脸色大变，捋起袖子，右手按剑，仰天长叹，他立誓决不侍奉秦国，同时，表示愿意参与合纵，将国家托付给苏秦。

离开韩国后，苏秦来到被秦国打得一片狼藉的魏国。在秦军的武力威胁下，魏国不仅自称为秦国的属臣，还为秦国建造离宫，接受秦国的分封，采用秦国的冠服式样，春秋两季按时纳贡助祭。连周天子都没有享受过魏国的如此侍奉，可见秦国多么强横。

魏国确实不堪秦国一击，苏秦不能睁着眼睛说瞎话，而是举一些以少胜多、以仁德战胜暴力的例子给魏襄王听。

越王勾践卧薪尝胆，只用3000疲惫的兵将就活捉狂妄自大的吴王夫差；周武王也只有3000兵士和300辆破车，就能够在牧野制服暴君商纣。苏秦的意思是，战争的胜败不仅在于实力，更在于扬长避短，充分发挥自己的威力。

他引用《周书》里的一句话，草木刚刚生长出嫩芽的时候，如果不及时剪除，待嫩芽长成粗壮的枝干，必须用斧头才能砍掉。苏秦劝魏国及早考虑未来，而不是听信连横家的诱骗，走一步算一步，因为主张连横的人为了个人利益不惜损害国家利益。

一番思量后，魏襄王答应参与合纵。

纵观魏国的历史，失去商鞅后，魏国就彻底沦为了二流国家。魏国国君在强秦的武力威胁和自身的国家利益之间摇摆，秦国逼迫紧急时参与连横，秦国松懈时加入合纵，朝三暮四。

从魏国出发，苏秦一路东行来到东方大国齐国。齐国与秦国相距很远，中间又隔着好几个国家，还没有受到秦国的实际伤害或者威胁。而且，齐国南有泰山，东有琅邪山，西有清河，北有渤海，地理位置得天独厚。遭遇的战火少，齐国百姓致力于生产，因而物产丰富，家给人足。

在齐国国都临淄，人口众多，百姓举袖成云，挥汗成雨。齐国参与过好几场战役，但没有一次因为战争而征调全国兵力，例如泰山以南和清河一带的百姓就没听说过参军一事。

尽管实力雄厚，地理环境优越，齐国同样侍奉秦国，苏秦为它感到不值。

拿韩、魏与齐国对比，韩、魏侍奉秦国，因为与秦国接壤。如果韩、魏不听话，秦国大军发动，即使韩、魏胜利了，也已经被战争损伤，无力抗击其他国家的趁火打劫。如果秦国赢了，韩、魏就会陷入亡国的危险，出现这种情况的可能性极大，只因为秦国强大。

与韩、魏相比，齐国占据了很大的优势。首先，齐国与秦国相距很远，中间隔着几个国家，秦国不敢贸然攻打；其次，即使秦国攻打齐国，秦国未必就赢，因为齐国实力不弱，且是以逸待劳；最后，就算秦国打赢了，也不一定能够占领齐国的土地，因为隔着其他国家控制齐国不方便。

苏秦认为，齐国之所以侍奉秦国，不是受到秦国威胁，也不是齐国无能，而是消息闭塞，战略方法不当。听到战略有失，齐宣王认同苏秦的观点，说他偏居东方，孤陋寡闻，不明时局，愿意举国听从苏秦的号令。

说服齐国后，苏秦的下一个目标是楚国，此时楚国的国君是楚威王。

楚国是一个很古怪的国家，如果遇上贤明的国君，楚国就很强大，甚至能够抗衡秦国；如果国君无能，楚国就是一只纸老虎，虚有其表，外强中干。那时流传一句话，欲称霸天下，非秦必楚。意思是，尽管诸侯国很多，能够称霸天下的只有两个国家，如果不是秦国，必然是楚国。楚国是有实力的大国，关键在于国君能否发动国家的战斗力，激发军队的斗志。

面对这么一个潜力强大的国家，苏秦先指出楚国地大物博，军事力量雄厚，除了秦国，其他国家唯楚国马首是瞻。然而，一山不容二虎，一个天下不能同时容下秦国和楚国。如果秦国势力增强，楚国必然会被削弱；反之，如果楚国势力增强，秦国必然会被削弱。

楚国与秦国的力量对比很微妙，苏秦建议楚威王留心，谋事于未萌，在祸害还没发生之前就早做决断。不能威胁，苏秦就以利益诱惑。他保证如果楚威王听从他的建议，其他诸侯国都会按时向楚国纳贡，举国听从楚国的指教。苏秦以利益诱惑，楚威王却心不动半分，因为他真正关心的是秦国对楚国的威胁。

秦国有吞并天下的野心，这是尽人皆知的。夺取巴、蜀后，秦国已经深深威胁到楚国的安危。韩、魏等小国经常遭受秦国欺负，最后成为秦国的依附，楚国不能和他们商议大事，因为他们可能泄露给秦国。一旦计划败露，大事干不成不说，还要深受其害。

日思夜想，楚威王就想找一个帮手为他出谋划策，共同抗衡秦国。朝臣大多主张连横不可信赖，为了国家利益，楚威王终日苦思，食不甘味，坐不安席。

游说大半个中国，直到楚国，苏秦才遇见真心合纵的国家，既可喜，也可悲。说可喜，因为人生有一个事业上的知己；说可悲，因为没有几个合纵的国家真正有诚心。

合纵大业是苏秦的主要成就，离开家乡后，他先到赵国，结果被赵国拒绝。北方的燕国是苏秦合纵事业的起步点。紧接着，苏秦南下，先后经过赵国、魏国、韩国。又从韩国向东，进入齐国，最后南下入楚。

苦心人，天不负，经过一番奔波，苏秦终于佩戴上六国相印，当上合纵国的“盟主”。

回报率最高的投资

在中国转了一个大圈，苏秦总共说服了六国国君，随行队伍也越来越壮大。一路行来，都有国君赠送车马、钱物、礼品等。

带领着六国使者招摇过市，其气派可与帝王相比。离开楚国后，苏秦北上要回赵国复命。由楚国到赵国，途中会经过苏秦的家乡洛阳。

对苏秦而言，洛阳表面上是家乡，但又依稀如梦中的异乡。凡是在外奔波的游子，都说家乡远在万里，苏秦却觉得隔离他与家乡的不是万里山川，而是淡漠的人情。

听说这次回乡苏秦的排场甚大，周天子十分惊恐，派人清扫道路，命使臣出郊迎接、慰劳苏秦。

进入洛阳，苏秦见到了阔别已久的家人。据记载，“苏秦之昆弟妻嫂侧目不敢仰视，俯伏侍取食”（《史记 · 苏秦列传》）。

意思是说，苏秦坐在华贵的马车里，他的家人出门迎接，兄弟、妻子和嫂子都斜着眼睛，不敢抬头与苏秦对视，一律俯伏在地，恭恭敬敬地服侍苏秦用餐。

仍旧生活在战国，仍旧生活在洛阳，家人的态度却发生了如此巨大的变化。苏秦见此情景，感慨百端，一时难以理清。唐人沈亚之一句“都作无成不归去，古来妻嫂笑苏秦”（《送庞子肃》）道出了其中的心酸。

第一次回家，嫂子不做饭，最伤苏秦的心。他笑着问嫂子，为什么以前傲慢无礼，现在却恭顺敬重？

富贵荣华的小叔子发问，嫂子感到万分荣幸，赶紧俯伏在地下，如蛇一般弯曲着身子，匍匐而行，爬到苏秦身前，脸颊贴着地面以表示请罪，说因为苏秦地位显贵，钱财很多。

听了嫂子的话，苏秦实在抑制不住心中的伤感，说：“此一人之身，富贵则亲戚畏惧之，贫贱则轻易之，况众人乎！”

世间只有一个苏秦，苏秦不会变。然而，人情淡薄，如果富贵了，亲人就敬畏；如果贫贱了，亲人就轻视。至亲之人尚且如此势利，何况没有任何关系的外人！

尽管受到家乡人的伤害，苏秦还是宽怀大度，散发大量金银给亲戚朋友。第二次游说，苏秦向邻居借了一百钱的路费；现在富贵了，加倍，还一百万钱。

随从们都接到赏赐，唯独一个人没有，于是他向苏秦申说。原来，苏秦不赏赐并非忘了赏他，而是想教训他。

洛阳人情淡薄，苏秦深深受到伤害。苏秦肚里能撑船，不计较仇怨，但这并不表示他心里没伤。苏秦赏赐亲朋的行为完全是恪守君子行为的表现。

这个随从心志不坚，跟随苏秦从洛阳到赵国只为发财。赵国拒绝苏秦时，他以此认为苏秦靠不住就打退堂鼓。苏秦好言劝说几遍后，他才勉强跟随前往燕国。苏秦教训他一通后，却也给了他赏赐。

荣耀还乡后，苏秦一心前往赵国。他的辩才远胜千军万马，赵王对其十分倚重，封为武安君。在战国时期，“君”属于社会身份极高的人，例如孟尝君、平原君，可见赵王对苏秦的重视。

面对秦国的强横无礼，苏秦想给它点颜色看，于是将六国合纵的盟约送给秦惠王。苏秦的意思是，你秦国别妄自尊大，经过我的努力，六国已经联合成一体了。如果秦国攻打六国中的任何一国，六国必将共同应战，秦国一定不是六国合力的对手。果如苏秦所料，秦国不敢窥伺函谷关以外的国家长达 15 年之久。

可是世间没有一劳永逸的事。苏秦可以合纵，别人也可以连横，例如张仪、陈轸和公孙衍之辈。苏秦合纵成功致使秦国不敢轻易发动战争，所以其想方设法破坏合纵。

这时，秦国派公孙衍出使魏国，同时欺蒙齐王，欲联合齐、魏攻打赵国。赵国合纵，秦国就连横。

在看似支离破碎的战国地图上，秦、魏、齐三国几乎在一条东西走向的直线上，赵、魏、楚几乎在一条南北走向的直线上。如果以中国人的思维习惯读图，秦、魏、齐三国连成的直线是横线，赵、魏、楚三国连成的直线是纵线。如果秦国连横成功，秦、魏、齐一条心，会犹如一把大刀砍断赵、楚，使得赵、楚不能互相救援。

魏国已经被秦国打怕了，所以在公孙衍七分威胁、三分利诱下，魏国只得向秦国妥协。齐国偏居东方与秦国遥遥相望，实力强大也想称霸天下。秦国想利用齐国，而齐国也想利用秦国。退一步说，齐国那么强大，很少有其他国家敢打它，它怎么会甘心保护弱小的魏、韩、燕等小国?

公孙衍不负秦国厚望，成功说服魏、齐。秦、魏、齐三国发动大军夹击赵国。赵国措手不及，大败，损失惨重。

当时苏秦见赵王时，说得眉飞色舞如天女散花，保证赵国享有合纵国的尊敬。现在，合纵国不但没有听从赵国的号令，还反戈一击，对赵国打击不小。

国家损失惨重，赵王十分生气，一腔怒气发向苏秦，把苏秦骂得狗血淋头。赵王发威了，苏秦请求出使燕国，保证报复齐国。

离开家乡之初，苏秦一心以为合纵大业是他的家。殊不知，合纵只是一座桥梁，而人是无法栖居在桥梁上的。合纵大业幻灭后，眼望茫茫世界，苏秦暗问：何处是家?

合纵以赵国为核心，以苏秦为盟主。因此赵国不能没有苏秦，苏秦也不能离开赵国。如果苏秦离开赵国，就表示合纵失败。如果合纵破败，为了自己的利益，其他小国不得不另谋他路。赵王看不透其中奥秘而放走了苏秦，合纵顷刻间土崩瓦解。

奔波几载，苏秦费尽心力好不容易建立了合纵联盟，然则齐国却反复无常，苏秦心中万分懊恼，遂决定报复齐国。

价值连城的演讲

时间一晃而过，苏秦开始感觉自己不适应。因为燕国不再是以前的燕国。最主要的原因在于，秦惠王将女儿嫁给了燕国太子，而燕国太子年轻不知事，娶了秦人的女儿后，他后半生的轨迹就已经在秦国的掌握之中。眼下看来，一旦重用苏秦的燕文侯撒手西归，由太子即位，苏秦必然无立锥之地。

屋漏偏逢连夜雨，燕太子刚刚迎娶秦国公主，同年燕文侯就去世了。燕太子即位，人称燕易王。漏船更遭打头风，就在此时，齐国趁燕国发丧之机大举入侵，一口气攻陷燕国 10 座城池。

被齐国侵犯后，燕易王眼见局势一发不可收拾，心中对苏秦颇为不满，他说：燕文侯资助苏秦游说合纵使六国连为一体，可如今齐国心怀鬼胎，打完赵国又犯燕国。很显然，合纵之说不过是个笑话，没有起到任何作用。

燕易王这一席话目的只有一个，就是问苏秦有什么办法收复失地。其实，燕易王公然迎娶秦国公主，这分明是践踏合纵盟约。国家发生祸乱之时燕易王不先自省，反而指责他人，的确不是个贤君明主。

这番话将苏秦说成了燕国被进犯的罪魁祸首，苏秦听了很惭愧，便答应出使齐国，为燕国收复失地。

一来到齐国，苏秦便拜会了齐王。在面见齐王之时，苏秦的腰弯得很低，接连拜了两拜大表庆贺。庆贺完毕，苏秦却将头仰得高高的，意思是向齐王深表哀悼。他这番举止非常奇怪，齐王被吓了一大跳，问苏秦耍什么诡计。要知道，这次苏秦为燕国出使，目的显然是要收复燕国的失地。可是苏秦却不说话，仅仅以肢体语言表示。齐王当然知道苏秦所有举动表达的表面意思，但是却不理解其中深意。

对方不理解，于是苏秦只能明说。苏秦说，即使是饥饿得将要死亡的人，也绝不会吃乌头这种能毒死人的植物充饥，因为毒发身亡比饿死更快。燕国虽然弱小，燕易王却是秦国的女婿，别人不敢得罪。齐国侵占燕国 10 座城池，表面上占便宜，实际却与强秦结下仇怨。苏秦的意思是齐国侵占燕国的城池就如吃毒植物乌头充饥，有害无益。

齐王听后大惊失色，这时苏秦保证，只要齐国归还燕国城池，灾祸就能化解。因为燕国收回城池后，一定会高兴地将旧怨一笔勾销，而秦国听说后会认为齐国是因惧于它的威力才归还燕国的失地，自不会计较齐国对燕国的伤害。

苏秦甚至说，齐国归还燕国的失地后，齐、燕的友谊就牢不可破，秦国的感激之心大起。燕、秦都会前来侍奉齐国。齐王发话，燕、秦不敢不听。

齐王听得脑子发热，竟然双手奉还燕国的 10 座城池。兵士用鲜血和生命抢夺的城池，苏秦几句话就骗走了。

辛苦打下的10座城池被拱手送还，齐国朝臣皆愤恨不止。众人对齐王说，苏秦是一个出卖国家、左右摇摆、反复无常的小人。如果留下苏秦，必然为国家招来灾祸。

听闻小人进谗中伤，苏秦赶紧逃到燕国。

自从合纵破裂后，苏秦就过着如亡命天涯的生活，从赵国跑到燕国，从燕国去齐国，又从齐国逃回燕国。如果燕国不接受苏秦，苏秦就真的无家可归。

可事实就是，苏秦入燕，燕易王拒不接受，甚至剥夺了他的官职。

不费一兵一卒，苏秦为燕国收回10城失地，按理应该受到封赏。之所以会出现这样的结局，只有一个原因——被人进谗中伤。

能言善辩是苏秦的优点，这时竟成了他的致命伤。因为诋毁他的人就是以此为由告诉燕易王，苏秦张口乱说话，没有忠心也不讲义气。

遭受诋毁，苏秦坦然承认说自己不是一个忠心耿耿的人。但是，苏秦又说，他的不忠诚正是燕国的福气。燕易王听后，很是不解。君王都希望臣子忠诚，苏秦居然公然唱反调。

这时苏秦问燕易王，如果曾参、伯夷和尾声共同侍奉燕国，燕国会怎样?

曾参是天下的大孝子，为了尽孝道从没离开父母在外过上一夜；伯夷洁身自爱，不愿做孤竹君的继承人也不接受周朝的封赏，最终饿死在首阳山；尾声为人诚信，与女子约会，时间到了，女子仍然没来，他坚信不见不散，直到潮水上涨，他仍紧紧抱住桥柱等待，最终被淹死。

曾参、伯夷和尾声已经成为孝、忠和信的化身，君王很喜爱这类人。如果能有这类人侍奉，燕易王当然高兴都来不及。然而，苏秦告诉燕易王，这类人虽然品行高洁却无益于国家。

因为，如果苏秦像曾参一样孝顺，他就不会抛弃老母亲，不远万里前来辅助燕国；如果苏秦像伯夷一样愚忠，他就不会为了燕国的几座城池奔赴齐国；如果苏秦像尾声一样坚守信义，他就不会欺骗齐王。

接着苏秦就将大道理寓于小故事之中：

有一个人在远方做官，他的妻子因寂寞而与其他人通奸。丈夫将要回来时，这对奸夫淫妇很害怕，于是淫妇告诉奸夫，她准备毒死丈夫。待丈夫回来，淫妇让侍妾端毒酒给丈夫喝。

侍妾心慈仁厚，渴望两全其美，她既不想毒死丈夫也不想害淫妇被赶出家门，所以假装摔倒将酒杯打碎。丈夫大发雷霆，打侍妾五十大板。

苏秦想通过这个小故事说明，他就如那位侍妾，一片忠心只为两全其美，却遭遇毒打。

燕易王终于被苏秦说服，恢复了他的官职。

在死后为自己复仇

不幸的人面对的是生命的残酷，幸运的人面对的则是生命的艰难。苏秦既幸运又不幸，因而他的生命既残酷又艰难。

幸好，苏秦是不惧艰难的人。为了理想，他敢说敢做。

他可以引锥刺股，可以在屡受挫折、遭人冷眼后，仍保持自信，可以从容地接受六国相印，四处散财……

尽管苏秦的腿脚不灵活，这也没损害他的男子气概。他虽不是玉树临风却也是魅力四射，据说燕国的第一夫人就抵挡不住苏秦的魅力，与苏秦私通。

燕文侯死后，燕国第一夫人与苏秦私通的事被燕易王知道。当然，此事也有可能是嫉妒苏秦权位之人的恶意中伤。就像当年秦孝公死后，别人对商鞅的诬陷一样。

发觉私通一事后，燕易王并没有立刻惩罚苏秦，而是对其越发优待。这令苏秦很畏惧，所以他请求出使齐国。

苏秦的说辞是，他待在燕国就是废人一个，于国家无利。如果他入齐，在齐国开展破坏活动，将大大有利于燕国。

齐国曾经破坏合纵大业，苏秦对其恨之入骨；齐国不断侵犯燕国，燕易王对齐国也无好感。苏秦与燕易王对其皆有怨恨，所以决定拦腰斩乱齐国。

既然是潜入齐国开展破坏活动，苏秦就先假装得罪燕国。由燕易王下令追捕，苏秦趁机逃到齐国。

苏秦入齐，齐宣王十分高兴，任用苏秦为客卿。客卿这个身份，相当于军队里的军师，政府里的智囊，可见齐宣王十分看重苏秦。

进入齐国后，苏秦出了不少馊主意、歪点子，弄得齐国的国家名誉直线下降。但是齐宣王十分倚重苏秦，十分相信苏秦的言语，并不听朝臣的劝谏。齐国朝臣将一腔愤怒泼向苏秦，视苏秦为眼中钉。

齐宣王死后，齐湣王继位。

苏秦的敌人是齐国不是齐国国君，所以尽管齐国易主，苏秦的破坏工作也还在继续。苏秦告诉齐湣王，他刚刚继承大位，应该干点大事以彰显国君的身份。例如，将齐宣王的葬礼办得越铺张越隆重越好，尽量吸引其他国家和百姓的注意力。如果大办葬礼不能吸引国际关注，那就大兴土木，侵占百姓的耕地，将宫室建得越高越辉煌越好。

这些年，苏秦一心开展破坏工作，手段有两个：第一，破坏齐国的国际关系，让其他国家攻打齐国；第二，引发齐国国内百姓的怨恨，让百姓起义，推翻齐王。

齐宣王十分信任苏秦，迷迷糊糊地走上苏秦指引的下坡路；齐湣王并无从政经验，也稀里糊涂地走上苏秦指引的邪路。

就在齐国将要被苏秦拆毁之际，燕易王突然死了，其子燕哙继位。苏秦实质是燕国的间谍，但燕哙对此事并不知晓。不知燕易王是没有将苏秦工作的性质交代清楚还是其他原因，总而言之，燕国怀疑苏秦。

齐国换了新国君，燕国也换了新国君，苏秦的工作越来越不顺手。光是对付国君就很困难，苏秦还要分心对付其他朝臣的围攻。

燕、齐两国朝臣群起围攻苏秦，经过几番大战，终于找到苏秦的死穴。

苏秦身在齐国，刺杀行动由齐国的朝臣负责。齐国大夫不惜重金，聘请一身恶胆的死士，让他刺杀苏秦。苏秦是纵横家，不是法家，警惕性没有商鞅高。商鞅出门时跟随他的随从全身武装，保护他的队伍不下千人，目的就是为了防止暗杀。

在杀手的追杀下，苏秦身负重伤，尽管侥幸逃脱，但也是奄奄一息。

纵观苏秦的一生，似乎是报复的力量在支撑着他。被秦国拒绝，遭遇家人冷眼，苏秦决心报复，因而引锥刺股，鼓吹合纵；齐国背弃盟约，坏了苏秦的合纵大业，苏秦的下半生都活在痛苦的破坏生涯里。

要臣被刺，齐湣王出动军队，封锁全城全力捉拿刺客。但有人接应刺客，齐湣王劳而无功。

临死之际，苏秦告诉齐湣王，只要在闹市将他五马分尸，告示天下，说苏秦为燕国在齐国从事破坏活动，杀手必然自动现身。

五马分尸很残酷，但这是苏秦唯一的遗愿，齐湣王只得答应。

再说，告示天下，苏秦为燕国在齐国从事破坏活动，杀手就会自动现身，齐湣王也想查清其中的奥秘。

闹市之中，苏秦被五马分尸。就在苏秦被撕裂成几大块的残酷一刻，刺客果然自动现身。

对历史而言，刺客出现，他的生死已经无关紧要，因为随着他的出现，更重要的秘密将被公之于众。那就是，苏秦存心不良，为了燕国，在齐国从事破坏活动，妄图分裂齐国，破坏齐国的国家安全。

苏秦被五马分尸，身在楚国的张仪听到这个消息后，既惊恐又高兴。张仪惊恐，因为厉害的人物都不得好死，商鞅被五马分尸，苏秦也是，下一个会是自己吗？张仪高兴，因为他可以借苏秦从事破坏活动的事大做文章。

凭着一张利口，借苏秦这件不光彩的事，张仪相信天下是连横的天下。

同门师兄弟，苏秦能够佩戴六国相印，张仪也要跟苏秦比一比。怀着如此远大的理想，张仪向好色的楚怀王进军了。

第五章

秦楚之争，楚王客死异乡

张仪再骗楚怀王

苏秦被五马分尸，合纵的大梁倒了，诸国如一盘散沙。张仪抓住这个千载难逢的良机，再次游说楚怀王。

秦国拥有天下一半的土地，山河险要，易守难攻，军事实力最强。张仪告诉楚怀王，楚国不依附强如虎狼的秦国却与弱小的诸侯国合纵，十分不明智。张仪的意思是，尽管秦、楚实力不相上下，但如果楚国不依附秦国，秦国出军，立刻就能占领宜阳。

张仪说秦国能够占领宜阳，意在表明一旦秦国掌握宜阳的控制权，韩国将会被切为两段，自身都难保，更不会有时间和能力救助楚国。如果韩国失陷，没有屏障的魏国就必然向秦国臣服。倘若韩、魏都归顺秦国，秦国正好可以利用韩、魏的军队攻打楚国。单单秦国就很难对付，如果再加上韩、魏军队，楚国必然被攻陷。听张仪如此分析，楚怀王满心忧虑。

此次游说，张仪希望击破合纵，更渴望实现连横。张仪认为，合纵国妄图联合弱小的国家和分散的力量来抵抗强大的国家，根本行不通。如果小国发动战争，国内必然疲于应付，弄得物资紧缺、民怨沸腾，最终会引发内乱。只有大国、强国才有能力发动战争。倘若楚国不依附秦国，秦国军船从汶山起程，顺江而下，不到十天就能到达扦关（今湖北长阳西）。倘若扦关有失，黔中和巫郡就不再是楚国的领土。此时，秦国乘胜追其，出军武关，楚国的南北就被拦腰斩断，彼此不能再救援。

张仪预计，秦国占领楚国只要三个月。即使诸侯国发兵救援，至少也需要半年，时间根本来不及。

分析完现实后，张仪回溯历史。他认为，楚国与吴国打了五次仗，三胜两败，军队实力被削弱，已没有能力再参与战争。如果楚怀王不顾军队疲乏和民不堪命的国内形势，贸然抵抗秦国，必然像其他小国一样被起义推翻。从参与战争的次数来看，秦国的次数最多。只要是战争都劳民伤财，招致最底层百姓的诟病。秦国能够多次顺利地发动战争，除了战争胜利后获得利益补助外，法令严明是一个重要的取胜因素。

自合纵联盟建立以来，秦国有 15 年不敢窥视函谷关以东的地方，张仪不能抹杀这个铁的事实。但是，张仪告诉楚怀王，秦国多年没有出军函谷关，是因为秦军忙于实施一个大策划——一举吞并天下。

当着楚怀王的面，张仪公然叫嚣，说秦国要吞并天下，意思是连楚国也要吞并，可见他根本没将楚怀王放在眼里。他敢轻视楚怀王，并非楚国弱小，而是楚怀王头脑简单。

尽管苏秦已死，但他仍是合纵国的象征。如果破坏苏秦的形象，合纵国就没有依托，自会瓦解。抓住苏秦意图分裂齐国一事，张仪大做文章，说苏秦表面上为诸国谋利，实际上却破坏合纵国的国家安全。

被五马分尸后，苏秦为燕国报复齐国，力图分裂齐国的阴谋败露，天下皆知。张仪如此提醒之后，楚怀王开始细想合纵策略，发现合纵家的话与张仪说的恰好相反。

威逼的话说完了，接着就是利诱。张仪许诺，如果楚怀王听从他的建议，秦国会派太子到楚国作人质，还会将秦国公主嫁给楚怀王，并且进献一万户的都邑作为楚怀王的汤沐浴。

天下之人，数张仪最言而无信，楚怀王被利益熏昏了头脑，竟然忘了600里土地之耻。楚怀王曾经信誓旦旦地说只要秦国将张仪交给楚国，他就回送黔中给秦国。那时的楚怀王只为报仇心快，没有考虑其他。然而，他竟然迷迷糊糊地听信宠妾郑袖的话，糊里糊涂地放了张仪。

拨弄着小算盘，楚怀王心想，如果依附秦国，就不用送黔中给秦国。如此一来，既可以保住国土还找到了靠山，真是天大的喜事。

秦国诱捕楚怀王

秦王国的军事力量在秦昭襄王时期得到进一步发展。秦国通过与齐国、韩国、魏国的联合行动以及自己的单独行动，使楚国受到重创。为了进一步稳固东方六国的局势，消灭对自己有威胁的力量，秦国开始进一步加强对楚国的打击。

楚国与齐国的联合，给了秦国进一步进军的理由。这次，宣太后与秦昭襄王一起上演了一出“鸿门宴”。

秦国之所以会采取这个策略，是有着充分考虑的。此前，周赧王十六年（公元前 299 年），秦军对楚国发动了进攻，攻陷了楚国 8 座城池。秦国虽有灭亡楚国的实力，但是列国正处于隔岸观火的状态中，只要秦国威胁到他们的利益，列国必然会再次联合起来共同对付秦国。还有一点不可忽视，楚人历来悍勇，秦国想要彻底地灭亡它绝非易事，还很可能会陷入战争的泥潭不可自拔。到时齐国、魏国、韩国便会就此机会进攻秦国。

有鉴于此，秦国向楚王写了一封言辞恳切的书信，邀请楚怀王到武关谈判。楚怀王正拿不定主意时，一位大臣向前进言道：

“大王最好不要去赴约，秦国不守信用，不值得信任。”这时楚怀王的一个儿子却说：“秦国是好意，为何拒绝？”于是楚怀王便决定会见秦昭襄王。

正如那位大臣所言，秦昭襄王并没有按照约定到武关，而是用卑劣手段将楚怀王挟持到秦国的咸阳，以此要挟楚国向秦国割让土地。楚怀王坚决不接受这样的条件，结果被秦国关押起来。

消息传到楚国后，大臣们为国家安全考虑，决定另立新君。

然而，当时楚国太子却正在齐国做质子。楚国上下可谓乱成一团，家不可一日无主，国不可一日无君，楚国不可没有掌舵之人。于是，楚国文武百官多数建议，既然太子不在国中，就让楚怀王的一个庶子为登基之人，一者，可以稳定当前楚国的局势，二者，可以防备其他国家的不轨。

可是他们没有考虑到的是楚怀王子嗣众多，如果册立庶子为君王，合乎规矩的人就太多了，眼下国际局势不稳，楚国随时都有被倾覆的可能。同时楚国内部也是风云暗动，如果册立庶子，名不正言不顺，政局必将动荡不堪，原本想要的结果，就会恰如其反。

这一切，只有昭雎看得清楚明白。

昭雎为楚国的贵族大臣。平生做过很多错事，例如楚怀王时，命屈原出使齐国说服齐与之联合，而他竟然暗通张仪，致使合纵的计策就此失败。后来，齐国、秦国联兵攻楚国，面对秦军的进攻和楚怀王的命令，他竟然坚持“将在外，军令有所不受”，对楚军的困境置若罔闻，致使楚将唐昧兵败身死。直到楚国衰微，他终于改过自新，暗想如果继续下去，国家必定不得保全，自己的功名富贵也必将成为梦幻泡影。所以在楚王即将赴秦国之约时，昭雎便力劝怀王勿去，可惜为令尹子兰所阻，楚怀王终于难逃厄运。

昭雎明白唯有太子横回国主持大计，楚国才能够在风雨飘摇的动荡之中稳定下来。于是，他决定派遣得力人手作为楚国的使者，前去齐国将太子横接回。

使者来到齐国，依照昭雎早就定下的计策，向齐王撒谎称道，楚国国王已经在去秦国之后身死。当时齐国是东方强国之一，国内自然不乏能人异士，他们虽然不能预测楚王的生死祸福，但是对于局势的分析还是很明晰的。

最终齐国得出结论：楚王很可能出事了，但是不一定死亡，楚国群龙无首，所以要接太子回去主持大局。齐国当然不会就这样让太子横回去，太子横若想回国即位，需答应齐国的条件：拿淮河以北的土地交换。

当时在齐国担任国相的，正是闻名天下的孟尝君。

孟尝君，历史只记载了他卒于公元前279年，妫姓，田氏，名文，因而更多的人称其姓名为田文。他和魏国的信陵君、赵国的平原君、楚国的春申君并称为“战国四公子”。

此时此刻，孟尝君正作为齐国的股肱之臣，为齐国国王出谋划策。

齐国人认为楚国要找一个人担任君王并非难事，然而要楚国奉献其淮河以北的土地给齐国，无异于是虎口夺食。因此，孟尝君进言说道：“楚国除了太子芈横之外，还有很多王子可堪大任，此次如果齐国不答应楚国的要求，不仅会就此和楚国结怨，还会让齐国背负背弃盟约的骂名。如果楚国一怒之下，立了其他人做了楚王，那么芈横在齐国手中，又有什么用处呢？到时芈横就成了齐国的一块鸡肋，食之无味，弃之可惜。”(《战国策·楚策》)

齐国上下闻言，都觉得孟尝君说得很有道理，于是将太子芈横送回楚国，他就是楚顷襄王。太子芈横之所以能够安然回到楚国坐上王位，昭雎的功劳无疑是最大的。然而楚顷襄王在位时，却并没有就此重任昭雎，反而让子兰坐了一人之下万人之上的相国位子。

可当初正是子兰的建议，楚怀王才会深陷秦国，前途未卜，何以楚顷襄王会闻而不察呢？其实楚襄王的心思正和后来的宋高宗一样，他们并不是“名正言顺”地获得国君之位的。对楚顷襄王而言，若不是子兰，他也许就不会登上王位，所以他才会对子兰“闻而不察”。

无论如何，楚国暂时免于战乱，江山得到了暂时的保全。太子横是最大的受益者，取代了楚怀王，开始了顷襄王的时代。秦国宣太后和昭襄王本以为借机会扣押了楚怀王，楚国会就此大乱，秦国可趁此从中渔利。没想到他们的计划泡汤，只能重新调整战略目标，开始新的战略运作。

连横的秘密

伟大的诗人屈原投江而死，汨罗江的江水并不因此而变得清澈，楚国也没有被他的献身精神惊醒，战国的乾坤也没被他的生命扭转，一切依旧。

从政治角度来看，屈原死于战国诸国间的权力争斗，尤其是楚、秦之间的权力争斗，他被权力的车轮碾压致死。

政治斗争毫无感情可言，屈原感情充沛最适合写文章，不适合参与政治斗争。如果想参加政治斗争，就应该像张仪一样。

离开楚国后，张仪没有向秦惠王报告说服楚国的大好消息而是径直北上前往韩国。当时苏秦游说韩王时，说韩国是军事大国，是战国的兵工厂，制造的强弓硬弩和佩剑天下第一。

此次张仪前来，却避开韩国的长处，先说韩国地理面积狭窄，土地贫瘠，物产不丰富。韩国是小国，即使土壤肥沃，物产也没有秦、楚、齐、赵等大国丰富。张仪拿韩国的短处与别国的长处比，韩王已被带入他的思路，自然被张仪牵着鼻子转。

苏秦游说以利益诱惑，而张仪却以武力威胁。张仪恐吓韩王

田单

完璧归赵

说秦国有百万军队，人人都像孟贲和乌获一样力大无穷。孟贲是卫国人，乌获是秦国人，两人都以天生神力出名。

张仪说，“秦人捐甲徒裼以趋敌，左挈人头，右挟生虏”（《史记·张仪列传》）。意思是秦军十分勇敢，不屑穿戴盔甲，而是赤身露足地扑向敌人。秦军不仅赤身露足，还是左手提着敌人的头颅，右手将没被杀死的俘虏夹在胳肢窝下。

说完韩国的短处和秦国的长处后，张仪就以武力威胁韩王。如果韩国不向秦国臣服，秦国大军一鼓作气可以攻取成皋和荥阳（今河南荥阳东北）。

从地理位置看，成皋和荥阳在韩国的中间。如果秦军攻占这两个地方，韩国就会被生切为两段。韩国原本就是小国，如果被切为两部分，彼此不能互相救援，军队实力更加不足。

张仪威胁其他国家时总爱说秦国将出军占领城池，而他选择的城池很关键，都处在中部，如果秦军占领，被侵犯的国家就被切为两段。张仪利用这一招威胁楚国，也用这一招威胁韩国，只为一个目的：分化敌人，逐个击破。

游说魏国时，张仪让魏国依附秦国，转嫁灾祸。现在游说韩国，张仪也用了这一招。他告诉韩王，秦国最想削弱楚国，而韩国最方便削弱楚国。如果韩国帮助秦国削弱楚国，秦国一定会感激并好好对待韩国。

韩王生活在封闭的自我世界里，不会将心比心。如果每一位国君都像韩王一样，为了自己的利益，依附秦国转嫁灾祸，灾祸最终还是会转到他们的身上。

魏王、楚王、韩王等国君并没有从长远利益出发，只图一时安稳，实际上灾祸已经离他们不远了。

接连说服楚、韩后，大半个中国已在秦国的控制范围之内。说服韩王后，张仪回到秦国向秦惠王报告这个好消息。

张仪立下奇功，秦惠王万分高兴，封赏了他五个都邑。赵国曾经为大造声势封苏秦为武安君。为了报复合纵国，秦惠王封张仪为武信君。武安君与武信君，只有一字之差。秦惠王的意思很明显，苏秦能够游说诸侯国合纵，张仪也能游说诸侯国连横。

为完成连横大业，接受封赏后，张仪就马不停蹄地前往齐国。

齐国国家实力强大，地理位置优越，很少受到赵、秦、楚这三个强大国家的威胁。在苏秦破坏齐国国家安全的事暴露后，齐国突然感到燕、韩、魏等小国很危险，应该及早灭除。齐国想灭除弱小的国家，正需要与强大的国家连横。因此张仪出使齐国，正好赶上了这样难得的时机。

齐国与鲁国发生过三次大战役，三次战役都是齐国失败。鲁国虽然是战胜国，却最终亡国；齐国是战败国，最终却发展壮大。

于是张仪以此事大做文章。他的意思是，尽管鲁国战胜了齐国，但鲁国花费了亡国的代价，很不明智。鲁国是小国，不能支撑长久的战争。小国与大国打仗，即使小国能胜，它的国民必定不能承受战争之重。战争的负担过重，小国承担不起，最终只有灭亡的命运。

按此逻辑推理，张仪又说，赵国不是小国，它与秦国打了五次大战役，三胜两败，总体而言占上风。然而，五次战役打下来，赵国阵亡了几十万青壮年，经济损失很大。以几十万人命和无数的经济损失为代价，赵国也只是保住了国都邯郸城，是得不偿失之举。

听了两个例子，齐王明白了。如果齐、秦开战，就算齐国每次都战胜秦国，齐国的代价将是亡国，因为齐国国力不如秦国。再说，齐国不一定能够战胜秦国。如果齐国在战场上失利，亡国的可能性更大，因为秦国必然乘胜追击，其他国家肯定会趁火打劫。

张仪提醒齐王，魏、楚、韩三国已经先后臣服秦国参与连横。如果齐国不吃敬酒，那么秦国会敬上罚酒。到那个时候，几个国家合击齐国，齐国一定不是对手。

渔夫告诉屈原，“举世皆浊，何不随其流而扬其波？众人皆醉，何不哺其糟而啜其醨”。

屈原品行高洁，宁愿做一块破碎的美玉，不肯掉落泥尘遭受污染。齐王却只要能够保全自己，即使当一块乌黑油腻的瓦片也甘愿。

第六章

烽烟四起，强齐与弱燕的选择

用自己当钓饵的勇士

张仪很容易就说服了楚、韩、齐，但是，还剩下一个厉害的国家，即合纵国的核心——赵国。

赵国国力虽不强，却有庞大的军队，所以难以对付。秦国与它打了五次大战，只赢了两次，足以说明赵国军事力量的强大。赵国是合纵国的轴心，曾经只凭一纸合纵的盟约，就使秦国 15 年不敢打函谷关以东的主意。

张仪告诉赵王，秦国有 15 年不敢出军函谷关以东，这不能代表什么，因为秦国能屈能伸。秦国躲了 15 年，对赵国的痛恨也就有 15 年之多。不出军函谷关，秦国就出军南方，先攻克巴、蜀，接着吞并汉中，辖制东周、西周。周朝虽已衰落，却有九只大鼎，而这几只笨重的大鼎代表九州，象征国家权力。张仪如此说，目的是告诉赵王，秦国连周朝都不放在眼里，更不会将赵国放在眼里。

赵国依仗苏秦合纵威胁秦国，张仪也以“其人之道，还治其人之身”。张仪说，苏秦“以是为非，以非为是”，最终遭到报应，被齐国五马分尸。苏秦死后，诸侯国醒悟过来，纷纷臣服秦国，参与连横的国家已经有魏、楚、韩、齐等国。

既然合纵国已经瓦解，形单影只的赵国已经势单力薄。如果赵国与秦国抗衡，结果可想而知。

连横已经成为大趋势，赵国只好顺势而下。

将赵国成功拉到连横大营后，张仪前往合纵的发源地燕国。

燕国偏居北方，又是小国，夹在强大的赵国和齐国之间，生存十分艰难。赵、燕交好时，赵襄王将自己的姐姐嫁给燕代王为妻，两国确立了姻亲关系。

大国公主下嫁，燕代王很高兴。燕、赵成了姻亲国家，就像楚国与秦国一样，赵襄王邀请燕代王在句注（今山西代县西北，即雁门山）相会。

会晤前，赵襄王命工匠做了一个很精致的小金斗，内有一个机栝，能够置人于死地。

赵襄王事先安排好一切，燕代王就这样命丧黄泉。赵襄王无义，他姐姐却很有情，得知丈夫死讯后，她磨利头上的笄子，自杀殉夫。

丈夫死于非命，妻子自杀殉情，当地人对此十分感怀，于是将一座山命名为摩笄，以纪念这位忠贞不渝的女子。

刚见到燕昭王，张仪就将这件事提起，目的就是为了挑拨燕、赵的关系。燕国与齐国已经势如水火，如果再与赵国闹僵，燕国必然会因国家力量弱小而寻求大国的保护。

此次游说燕国，张仪已经不仅仅满足于建立连横大业，而是进一步破坏诸侯国的关系。如果诸侯国之间互生罅隙，心怀仇怨，秦国就能坐收渔利。

不管燕国朝臣百姓的辱骂，燕昭王听从了张仪的建议，侍奉秦国，割恒山脚下的五座城池作为见面礼。

这些年来，张仪先游说魏国，接着南下游说楚国，说服楚国后北上吃定韩国，这是第一阶段的胜利成果。在第二阶段，张仪先说服最东边的齐国，接着向西说服赵国，最后北上说服燕国。

在地图上划出张仪的游说轨迹，会发现张仪走了很多路，但他并没有走冤枉路，因为他在挑选主要的或者容易说服的国家。

张仪凭借秦国的强大，挑选国家开展游说工作，剩下的那些不听教化的国家，就直接可以用军队对付。而苏秦的后盾只是一个弱小的国家，无力以军事对付不听游说的国家，因此必须每个国家都游说到，否则不能建立合纵联盟。

背上燕国的五座城池，张仪回到秦国。一路上，张仪满面春风，欣然自得。但是还未到达秦国时，张仪就得到噩耗——秦惠王死了。

秦惠王死后，秦武王继位。秦武王是一个大力士，他喜欢与自己类似的人，并不喜欢张仪这种只会说话的人。

主人换了，张仪的天空变了，变得乌云密布。想到秦孝公死后，商鞅就被五马分尸，苏秦也死在新、旧主人交替之际，张仪不禁为自己的未来忧虑。

不招人妒是庸才，张仪满腹才华，而且还得罪了朝中的不少人。起步之初，张仪做过对陈轸和公孙衍不利的事。如今张仪的靠山倒了，被他整治过的人们却开始万众一心，接二连三地在秦武王身前中伤张仪。

秦武王爱“力”成痴，整天只想如何增强自己的力量，倒没将朝臣中伤张仪的事放在心上。紧接着，连横诸国利用秦武王和张仪感情上的裂痕，纷纷叛变，恢复合纵。更令张仪不知所措的是齐国竟然落井下石，公然派遣使者入秦辱骂张仪。

张仪凭借三寸不烂之舌无所不为，得罪的人自然也不少，如今成了众矢之的。所以张仪不得不寻思脱身之计。他告诉秦武王，齐国十分痛恨他，他到哪个国家，齐国就会攻打哪个国家。一旦诸侯国混战，秦国就能坐收渔利。秦武王喜爱周朝的九只大鼎，张仪投其所好，出了一条能使秦武王“问”鼎的建议。

计划是这样的：张仪前往魏国，齐国一定会攻打魏国。待魏、齐大战，两国无暇他顾时，秦国可趁机出军攻打韩国，穿过函谷关，径直向周朝国都挺进。

周朝无力抵抗必然献出九只大鼎，天下就是秦国的了。这步棋，名叫“出三川，临二周，挟天子以令诸侯”。张仪曾向秦惠王提过，但被司马错攻打西南的计划给代替了。

与秦惠王不同，秦武王很爱大鼎。怀着向往周朝国都已久的心愿，秦武王准备了 30 辆豪华大马车，大张旗鼓地送张仪入魏。

张仪刚刚进入魏国，魏国的城门还没来得及关，齐国大军就开到城墙下。齐宣王下决心杀张仪，所以调动了大量军队。

齐国果然中计，张仪告诉魏哀王，不用担心，他的三寸不烂之舌能挡千军万马。想退齐兵，必须见到齐王。此时齐军正要攻打魏国，魏国的使臣已经发挥不了作用了。放眼天下，与齐国交好的国家是楚国，所以楚国的使臣最能发挥作用。虽然如此，张仪不敢轻易入楚，楚国人比齐国人更恨张仪，因为楚怀王是被张仪间接害死的，屈原也是，叫楚国人如何不恨张仪？

于是，张仪派门客冯喜入楚，再通过楚国使者拜见齐王。

冯喜见到齐王后，反问齐王道：“大王既然憎恨张仪，应该让张仪的生存没有依托才对，怎么反而帮助张仪增进依托呢？”

齐宣王听后愣了半天，不明白对方究竟想说什么。张仪躲到哪里，齐宣王就打到哪里，怎么叫帮助张仪增进依托？

冯喜将张仪与秦武王的密谋告诉齐王，齐王幡然醒悟，火速撤军。张仪这一计，既逃开了秦国朝臣的谗言中伤，又杜绝诸侯国找他的麻烦，真是高明。

想当初，如果苏秦不被报复齐国的感情冲昏头脑，而是寻思保全自身的策略，他也一定不会被五马分尸。

在魏国待了一年多，张仪寿终正寝。

九鼎的诱惑

秦武王心向九鼎，一心渴望将其占有。

这九只鼎据说是大禹打造的，打造材料来自九州的贡品，因而象征九州。谁拥有这九只大鼎，就表示他拥有九州的统治权。

凡是有野心的国君，都希望拥有这九只大鼎，因为它是权力的象征。当年，楚庄王自诩天下第一，贸然领着军队前往周朝国都，“问”九只大鼎的轻重。当时尽管周朝已衰微，但周朝的臣子仍斥责楚庄王，说鼎是国家重器，只有天子才能享有，一介臣子，并没有问鼎的资格。楚庄王大怒，说楚国兵器森然，每件兵器上敲掉一小块也能熔铸几只一模一样的大鼎。

那时没有传国玉玺，九只大鼎就相当于传国玉玺，是国家最高权力的象征，根本不容许随意熔铸。楚成王之意不在熔铸大鼎，而在表明楚国的势力很强大。

为了能够获得九鼎，秦武王先进行人事改革，将丞相一分为二，由樗里疾和甘茂担任。经过两年的人才培养，秦武王身边召集了一批力大无穷的人物，例如任鄙、乌获和孟说。

公元前308年，秦武王调动大军，准备攻取韩国的宜阳。从秦国的军事实力来看，开进周朝首都绰绰有余，最大的麻烦反而是宜阳城。

宜阳是韩国阻挡秦国东进的关键屏障，如果宜阳被攻陷，韩国就有亡国的危险，因而韩国十分重视宜阳城。

负责攻取宜阳的主将是甘茂和向寿，甘茂是主要负责人。对甘茂而言，宜阳城池坚固只是第二难题，真正的难题是如何获得秦武王的信任。因为，在秦国内部，以樗里疾和公孙郝为首的一派一直反对攻取宜阳，理由很简单：宜阳城墙高河深，驻守的兵将多，强攻不合算。

甘茂和樗里疾都是丞相，身份不相上下。如果攻城一事稍有差池，在秦武王身边的樗里疾肯定会趁机进谗，甘茂的日子必然不好过。

那时，甘茂领军在外，驻扎在息壤。游说秦武王，获取最高信任的任务就落在向寿身上。向寿对秦武王说，宜阳城很难拿下，还是不攻取为上。

秦武王听后，火速前往息壤向甘茂问明缘由。甘茂没有直接回答，而是给秦武王讲了一个故事。

鲁国有一个与曾参同名的人，他杀了人。外人将曾参杀人的事告诉曾参的母亲，起初曾参的母亲不相信，仍旧安安心心地织布。第二波人来告知，曾参的母亲仍旧不相信。但是，当第三波人说同样的话时，曾参的老母亲立刻扔下机杼，拔腿就跑。

通过“曾参杀人”这个小故事，甘茂想表明的意思是宜阳城非常坚固，并非一朝一夕就能攻下。如果时间拖得久了，或者秦军一旦出现失利的情况，一定会有人在背后进谗中伤他。

既然甘茂的品德没有曾参高尚，秦武王对甘茂的信任也比不上曾参的母亲对曾参的信任。到那时，进谗中伤的人不会只有三波。如果秦武王不能抵挡谗言，而是像曾参的母亲抛弃曾参一样抛弃甘茂，甘茂必然深受其害。

说完小故事，甘茂又举乐羊攻取中山国的事实为例。当年，乐羊领军攻打中山国，足足打了三年才胜利。大军回国后，魏文侯交给乐羊一大批告发他的信。乐羊深受感动，跪倒拜谢，说攻取中山国不是他的功劳而是魏文侯对他的信任。

秦武王终于明白甘茂话里的意思，不是宜阳城不能攻也不是秦军不够勇敢，而是甘茂对他的信任不放心。于是秦武王保证，无论攻取宜阳的战事如何，他一定不会听信樗里疾和公孙郝等人的谗言。甘茂与秦武王订立这个盟约，被称为息壤之盟。

为配合大军进军宜阳，大臣冯章建议先归还汉中给楚国。冯章认为，如果不拉拢楚国，楚国一定会趁秦国主力攻取宜阳时侵犯秦国。楚王贪爱利益，如果送汉中给楚国，楚国就不会干预。秦武王同意，派冯章出使楚国。

来到楚国，冯章发现此时齐国也在拉拢楚国。宜阳城要打仗，秦国为了宜阳拉拢楚国，齐国也是为了宜阳拉拢楚国。楚王看此情形后，既没有站向齐国一边也没有站在秦国一边，而是派大将景翠以救助韩国的旗号领军北上。

宜阳之战打了五个多月，秦、韩伤亡都大，但是依然没分出胜败。转眼就到了冬天，天寒地冻，秦军屯兵城下十分凄惨。

这时，果如甘茂所料，樗里疾和公孙郝等人都向秦武王进谗中伤甘茂。打了大半年，只有伤亡数字，没有胜利果实，秦武王就想撤军。但是，甘茂提醒秦武王，不能忘记君臣之间的息壤之盟。想起息壤之盟，秦武王幡然醒悟，再次征召军队，收集粮草，打造军械，源源不断地送往前线。

内部的敌人解决了，外部的敌人还在虎视眈眈，例如楚将景翠，秦武王对此很担心。

甘茂告诉秦武王，楚国出军名义上是救助韩国，实际是为了趁火打劫。楚军绝对不会与韩军联合，秦武王可以高枕无忧。

次年春天临近，秦军再次发动大规模的攻击。但是，宜阳城十分坚固，城墙是被加厚加固过，护城河又很深。秦兵打得精疲力竭，尽管军鼓擂了几通，还是没人冲锋，全部躺在地下喘气。

宜阳之战对甘茂关系重大。为了未来，甘茂搬出个人家产，全部分发给出死力的兵将。动员工作结束后，甘茂下令秦军再一次向宜阳进攻。

宜阳城终于被攻破，秦军大举抢进，与韩兵展开巷战。一战告罄，仅是在巷战中韩军就被斩首 6 万。守卫宜阳城的韩军共有十几万，也不知有多少人存活，这一年是公元前 307 年。

燕王哙的禅让闹剧

战国时期，燕国可谓别具一格，因为其发生了很多特殊的事情。

公元前 318 年，燕王哙仰慕圣贤成痴，将王位禅让给相国子之。司马迁认为，燕王哙此举违背历史潮流，最终引发亡国灭族的灾祸。

司马迁的意思是，战国是乱世，国君为了土地争夺不休，根本不讲仁义道德。燕王哙标新立异，妄想回到过去，违背历史大趋势必受其害。

事情的始末是这样的。

公元前 321 年，燕易王去世，他的儿子燕王哙继位。紧接着，苏秦就被齐国五马分尸。

国家的栋梁苏秦死后，他的儿女亲家，也就是燕国国相子之的身份地位大大提升。苏秦的弟弟苏代则以苏秦为榜样，也以游说为业。子之与苏代交往甚密，这也有助于他掌权。

燕王哙痴迷于尧、舜、禹等先贤的禅让之道，常常在朝臣面前厚古薄今，将渴望效仿禅让的心情表现得异常明显，国相子之便从中抓住了机会，他先后让几批有才能、有名望之人前去做燕王哙的思想工作。

第一个开展思想工作的是苏代，那时他刚出使齐国回来。这一年（公元前318年），燕、楚、韩、赵和魏五国联合攻打秦国，但是在战争还没结果时，燕王哙突然下令撤军。

燕王哙问刚回国的苏代，齐王是一个怎么样的人。苏代斩钉截铁地回答，齐王一定不能称霸。

“为什么？”苏代说得太绝对了，如果不给出理由，燕王哙不能相信。

燕王哙上钩了，苏代解释说因为齐王不信任大臣。苏代的意思是，如果想使国家长久，国君就应该信任大臣。

自此而后，燕王哙重用国相子之，并赠送苏代黄金一百镒，作为酬谢。在这之前，子之已经掌管国家大小事务了，燕王哙居然给了他更大的权力，简直是养虎为患。

紧接着，鹿毛寿又游说燕王哙。鹿毛寿的意思是，天下人之所以称颂尧，因为尧将天下禅让给许由。如果燕王哙想赢得天下人的称赞，就应该学习尧。何况尧表面上禅让天下，但是许由没接受，最后天下还是在尧的掌握之中。因此，即使燕王哙禅让天下给子之，子之一定不敢接受。如此一来燕王哙可以获得美名，还可以继续坐拥天下。

听了鹿毛寿的话后，燕王哙直接将国家托付给子之。但是，子之还是不满足，又派人继续做燕王哙的思想工作。

这些说客的意思是，大禹将整个国家交给伯益，但仍旧任用自己的儿子担当朝廷官吏。只要太子在朝为官，文武百官的心还是向着太子的。想当初，大禹年纪老迈管不了事后，伯益治理国家不善，太子启通过起兵反抗照样夺回国君之位。

这些人想告诉燕王哙，即使子之通过禅让的方式享有国家，也只是名义上的享有，真正的国家权力还是掌握在燕王哙父子手中。

燕王哙听后立刻行动，将俸禄在三百石以上的官员的印信全交给子之，这就表明子之完全享有国君的权力。

燕王哙没有想到的是子之没有许由的德行，他不但不推辞反而高高兴兴地接受了。

子之坐在国君的宝座上，燕王哙自称为臣，甘心接受曾经的相国的颐指气使，真是自作孽。虽然燕王哙甘做人臣，太子平却以此为耻，所以他决心反抗。

自从知道燕王哙有禅让的打算后，太子平一直想干预，只是由于势力远不及子之，对子之的胡作非为只能听之任之。

子之不仅没有德行，也缺乏治理国家的才干。他担当国君不到三年，便弄得燕国大乱，百姓人人恐惧。

在公元前314年，经过精心策划后，太子平决心利用这个大好机会，以当时特有的方式解决问题，即以将军市被为主将，起兵反抗子之。子之不甘示弱，发动全国大军，准备一举歼灭反抗军以斩草除根。

子之调动的是国家正规军队，太子军不堪一击，接连溃败。为了个人利益，市被临阵倒戈，掉转马头攻击太子平。

反叛军与正规军打了几个月的仗，燕国的青壮年死伤无数，百姓纷纷逃散，十室九空。

燕国刚刚发生内战时，就有大将建议齐宣王趁火打劫。齐宣王没有采纳，而是派人告诉太子平，说太子平诛杀乱臣贼子，上合天意，下顺民心，齐国给予道义上支持和精神上的鼓励与支持。

几个月打下来，燕国已经“国不成国，家不成家”，这时齐宣王不等别人建议，便火速发军入侵燕国。

齐国大将匡章率领五个郡的兵力，再加上燕、齐边疆的军队，打着“救民于水火”的旗号，如烈火燎原般，向燕国席卷而去。

一个大国趁一个小国乱了几个月后入侵，结果可想而知。《史记》记载，齐国大军所到之处，燕国“士卒不战，城门不闭”，可见百姓十分痛恨燕国的统治者。

不到两个月，作为国家标志的首都被占领，子之被砍成肉酱，燕王哙也没有落下好下场。燕王哙禅让的闹剧违背历史潮流，最终的结果只能是亡国。

燕国士兵和百姓没有抵抗齐国军队，其目的是希望齐国驱逐可恶的统治者。然而，令燕国百姓没有料到的是入侵者比统治者还要可恶。齐国军队对燕国百姓大肆抢夺，不将燕国百姓当人看待。如果燕国百姓不堪遭受虐待，揭竿而起，齐国必然陷入燕国全民皆兵的战争而不能自拔。

孟子预见到这个严重的问题，劝齐宣王见好就收。当初，齐宣王出兵的一个原因是，孟子对他说燕国已经非常乱了，齐国应该履行维护正义的职责。

大军刚刚占领燕国，孟子又建议撤军，齐宣王不能理解。他对孟子说，齐国出军，不到50天就全部占领燕国，仅凭人力不能做到，而是冥冥之中的天意。齐宣王的意思是，燕国已经被齐国吞并了，世上再也没有燕国。

孟子不同意这个观点，他说，起初燕国百姓之所以欢迎齐国军队，因为他们希望齐国帮助他们平定内乱。齐国能够在50天内占领燕国，全是百姓配合的结果。但是，战乱被平定后，燕国百姓发现父兄被齐军杀害，妻女被凌辱，甚至连祖上宗庙都遭到破坏。齐军肆意残害燕国百姓，百姓一定会起兵反抗。

果如孟子所料，不久，齐军深深陷入燕国百姓反抗的泥沼中，同时碍于诸侯间的舆论，不得不撤军。

经历丧国大乱，如果仅靠燕国自己的力量，已无法组建一个像样的国家。在赵武灵王的帮助下，燕国迎立仍在韩国做人质的公子职回国继位，人称燕昭王。

水的深浅很重要

在合纵策略的帮助下，齐国越来越强大。尽管在入侵燕国的进程中，齐国吃了不少亏，却也让它声名鹊起。对燕国的征服令诸侯国看到了齐国的强大，开始对齐国怀有畏惧之心。

从燕国撤军后，齐宣王因为没有听从孟子的劝告很羞愧，觉得没有颜面再见孟子。大臣陈贾听说这件事后，去找孟子理论。

陈贾问孟子，周公是一个怎么样的人？孟子说周公是圣人。

摧毁商朝后，周公派管叔管理商朝的土地。但是，管叔不知好歹，借助这个优势起兵反叛。陈贾借这件小事，说周公这种圣人也有犯错的时候，其他人就更容易犯错误。这里的其他人，自然是特指齐宣王。

孟子听后，对齐宣王心生失望。他说，人心越来越奸诈。古人犯错误，就像天上的日食和月食一样，赤裸裸地暴露在百姓的视野里。他们知道，如果及时更正，会赢得百姓加倍的敬仰。现在的人却在犯了错误后，不但不知悔改，还极力为自己遮掩。

尽管齐宣王没有重用孟子，但他对战国时期文化的发展作出了重大的贡献。在战国时代，齐国不仅是东方强国，还是文化大国。齐宣王管理下的稷下（临淄城稷门附近）学宫培育出了一大批德才兼备的人，齐国也因此声名远播。

《史记》记载，齐宣王很喜欢文学之士，所以招纳大批有才能的人士进入稷下学宫，稷下学宫的人数曾经达到1000多人。在优越待遇的吸引下，阴阳家邹衍，道家人物田骈、接予、慎到和环渊等人纷纷奔赴齐国。

这批有才之士受到了齐国的礼遇，他们不用管理政事，唯一的任务就是谈论学术，这令后来的司马迁十分羡慕。在《史记·田敬仲完世家》里，司马迁大赞齐宣王的功绩，尤其强调稷下学宫的盛况。

稷下学宫集中了儒、墨、道、法、兵、刑、阴阳、农和杂各学派的代表，他们纷纷著书立说，形成空前盛世的百家争鸣。孟子在稷下学宫一住就是30多年，荀子从15岁来到齐国后就没有离开。

当然，齐国能够成为东方霸主与西方的秦国并肩而立，并不是仅仅依靠齐宣王的稷下学宫，孟尝君和他府上的食客也作了突出的贡献。尽管孟尝君和他父亲与齐宣王有矛盾，但在矛盾还没公开化和尖锐化期间，孟尝君对实现齐国称霸功不可没。

孟尝君的国际战略思想源自公孙衍的合纵策略，并将公孙衍的合纵思想具体化、明确化，矛头直指西方的秦国。凡是秦国想入侵的国家，齐国就极力拉拢。秦惠王打击楚国，齐国就拉拢楚国；秦武王威胁韩、魏，齐国就拉拢韩、魏。

此三国中，楚国最没信誉，因为楚怀王总是朝三暮四。尽管他答应了齐国的合纵，私底下还是暗中攻击它东边的越国。那时，秦武王刚刚意外死亡，秦国面临内乱兼外患，所以无暇顾及楚国的猖狂行为。

自越王勾践以降，越国就一天天衰落下去，不敢过问中原战事。公元前 307 年，楚国的使臣昭滑以实现并维护楚、越交好的幌子出使越国，此时的越国首领是无疆。无疆胸无大志，在昭滑享乐思想的灌输下，一天天萎靡下去。

越国是小国，国君的萎靡不振很快就在国内传开了。不到一年，越国便因国君不理政事发生内乱。楚国认为这是吞并越国的大好时机，于是火速出兵，这一年是公元前 306 年。

更令楚国兴奋的是，秦武王死后秦国的实际掌权者是宣太后，而宣太后则是楚国的王室人员。宣太后念及娘家旧情，先归还楚国的汉中，接着又将秦国的美女嫁给楚国国君。既然最强大的秦国真心接纳，楚国自然欣然接受，于是断绝与齐、魏、韩的合纵，一头倒向秦国的连横。

在公元前 301 年，孟尝君发动三国大军，以大将军匡章为将，大举入侵楚国。联军与楚军沿泚水扎营，联军能够看见对方，就是不敢轻易出军，因为不知河水的深浅。

每当联军想渡河或者试探河水的深浅时，楚军就调集弓箭手，以密集如蝗的飞箭射退联军。楚军凭河死守，联军无法开进，战争相持了 6 个多月。因为双方都在河边的沙滩上扎营列阵，这一场战争被称为垂沙之战。

战争进行了大半年，勇猛无敌的大将军匡章没有传来一个好消息，齐宣王又害怕孟尝君利用这个机会发展个人势力，再也等不下去了，于是派口才极好的周最到前线监督。

周最能说会道，嘴上功夫了得，却没有实际本领，更不懂战争。他刚到前线就找到匡章，将其劈头盖脸地大骂一通，对什么事都指指点点。

匡章有苦难言，有怨无处诉，只能死守一条真理：八仙过海，各有神通。文臣有文臣的强项，武将有武将的本领。既然是他指挥作战，只要他觉得不能贸然进攻，即使以死威胁，他也不会下令进攻。

国君派遣使臣监督战事，不管情况多么恶劣，匡章只有一条路：硬着头皮，冒死往前冲。找来几位身手迅捷的士兵，经过特殊训练，组成一支小队伍，匡章命令无论如何，一定要打探清楚沘水的深浅。

小队人马刚刚下水，还没到中央，便遭到了楚军的飞箭袭击。结果可想而知，逃得慢的被射死，逃得快的被射伤，河水被染成了血水。

就在这时，据说山上传来一个樵夫的吟唱之声。老樵夫的意思是，沘水的深浅，饭桶是不会知道的。战争相持 6 个多月，老樵夫天天上山砍柴，天天见到，自然能够看出其中的问题。

听懂吟唱中的意思后，联军中就有人请教。老樵夫很爽快，告诉联军，凡是没有楚军守卫的地方，水就非常深；只要是有楚军驻守的地方，水一定非常浅。

联军一看，只见楚军扎营列阵不整齐，有的地方人多，有的地方人少，有的地方甚至没人，一下子就明白该怎么对付楚军。

等到晚上，匡章调动主力，集中优势兵力，攻击楚军防守最密集的地区。楚军之所以在这些地方防守最密集，因为这些都是垂沙地区，很容易登陆。

联军突然倾巢而出，大举进攻，又是在晚上，楚军做梦都没想到，连逃跑都来不及，大部分都成了联军的刀下鬼。垂沙之战大胜后，韩、魏趁机抢占宛、叶以北的地区，楚国深受重创。

秦国落井下石，在垂沙之战的下一年，发兵伐楚，攻陷新城，斩首三万。每一次战争失败，楚国不仅失去土地，还丧失主将。在垂沙之战中，大将唐昧战死；在紧接着的新城之战，大将景缺同样战死。

战败的楚国国内亦出现混乱，庄硚领导了一场农民起义，起义军势大，一直攻打到首都附近。

齐国先在北方吞并燕国，又打得楚国发生内乱，成了名副其实的东方霸主！

门前食客乱浮云，世人皆比孟尝君

齐国能够成为东方霸主，孟尝君的贡献不小。但是，孟尝君并非一开始就在齐国有很高的地位，他的崛起也经过一番艰苦卓绝的奋斗。

孟尝君，姓田，名文，是齐威王的小儿子靖郭君田婴之子。

齐威王继位后，任职当权的是田婴。此人为齐国立下不少汗马功劳。邹忌死后，齐威王封田婴为相。三年后，齐国国君又赏赐薛（今山东滕州东南）给田婴。

田婴共生有 40 多个儿子，孟尝君只是其中一个。并且孟尝君的母亲只是田婴的一个小妾，因此孟尝君在田婴心中占据不了多少位置。还有一点对孟尝君很不利，即他出生在五月五日。那个时候，人们认为五月五日出生的人，会长得和门户一样高，妨碍家族发展。

文天祥曾说："孟尝生五日，白首叹遭逢。"（《挽王远叔》）旨在借孟尝君生于五月初五的遭遇，表达命运的不公平。

已经有 40 多个儿子了，田婴不在乎少有一个，遂告诉孟尝君的母亲，不准养活孟尝君。其母不忍心杀子，偷偷将孟尝君养大。

待孟尝君长大后，通过他兄弟的关系被引见给田婴。田婴知道一切情况后，大发雷霆，责问孟尝君之母："你怎么没将这个孩子给扔了？"

机灵的孟尝君接过话来，反问田婴为什么不养大在五月初五生的孩子。田婴说，凡是五月初五生的孩子，会长得同门户一样高，会害死父亲和母亲。

"人的命运，是上天安排的呢，还是门户授予的？"孟尝君又一次发问。

田婴一时没有反应过来，无语以对。

沉默片刻后，孟尝君告诉田婴。如果命运是上天授予的，无论人如何担心，如何处理，结果都一样；如果命运是门户安排的，只要将田家的门户增加得高高的，像城墙一样就行了。因为，无论如何，人绝不会长那么高。

这一通说辞，彻底激怒了田婴。田婴大怒，斥退孟尝君。

过了些时日，孟尝君趁田婴心情好时再次拜见，问："儿子的儿子叫什么？"

田婴觉得这个问题很有意思，于是高兴地说，叫孙子。孟尝君又问，孙子的孙子叫什么，田婴回答说叫玄孙。等到孟尝君问，玄孙的孙子叫什么时，田婴就回答不上了。

趁与田婴谈得这么高兴，孟尝君告诉田婴：田婴担任国相一职，已经辅佐过三代君王。在这期间，诸侯国一天天壮大，齐国一天天削弱，作为国相，田婴应该想法子使齐国壮大。

孟尝君告诉田婴，将门出将，相门出相。相府应该礼遇“士”人，不惜重金招纳贤才。彼时田婴并不注重养士，他府上的妻妾穿绫罗绸缎，士人穿的是粗布短衣；府上的男仆女婢有好饭好菜，士人连吃都吃不饱。

既然田婴连玄孙的孙子都不知道叫什么，为他们积累财富无益。再说，如果齐国没有人才，国家一定会一天天衰弱。齐国是根，相府是本，如果根腐坏了，本也存活不了。

司马光也持有类似孟尝君的观点，他说“君子之养士，以为民也”(《资治通鉴》)。经过这番谈话，田婴彻底改变了对孟尝君的看法。

在齐国，田婴的势力可与齐宣王比肩，且聚财无数，齐宣王怕田婴危及自己的王位，随便找一个借口将田婴一家打发到封地薛县。到达薛县后，田婴将一切权力都交给孟尝君。

借此大好机会，孟尝君不惜重金，大举招纳人才。只要拥有一技之长，即使是擅长杀人越货，甚至是一贯分裂国家之人，孟尝君也都招纳来了。

《史记》记载，这个策略实施后，孟尝君府上“宾客日进，名声闻于诸侯。诸侯皆使人请薛公田婴以文为太子，婴许之”。

通过招纳人才一事，孟尝君不仅发展了家族势力，还获得继承权，真是一箭双雕。公元前310年，田婴去世。仗势府上的宾客，孟尝君顺利继位。继位后，他获得正式承认，被称为孟尝君。

孟尝君此人，个儿不高，但是极富人格魅力，因为他慷慨大方。短短几年间，他府上就有三千食客。这三千人中，社会各阶层，三教九流，无所不包。大到卖国贼，小到偷鸡摸狗之辈，都能在孟尝君的府上找到。

王安石说，“孟尝君特鸡鸣狗盗之雄耳，岂足以言得士！”(《读〈孟尝君列传〉》) 意思是说，孟尝君不是赢得贤能人才的英雄，充其量不过是一些雕虫小技之士的首领。

不管如何评价，孟尝君宁肯舍弃家业，也要优待士人，这是事实。为了记录宾客的信息，每当接待宾客，他总在屏风后安排记录人员，要记下谈话内容和宾客的亲戚的住处。宾客刚刚离去，可能还没回到家，孟尝君已经派人送礼物到宾客的亲戚家里问候了。

在孟尝君府上，只要是宾客，待遇一律相同，绝没有厚此薄彼的现象，“人人各自以为孟尝君亲己”(司马迁《史记·孟尝君列传》)。

难怪李白会说，“门前食客乱浮云，世人皆比孟尝君”(《与诸公送陈郎将归衡阳》)。在中国历史上，孟尝君已经成为慷慨好施的典型人物。一旦提到孟尝君，人们的第一个反应就是，慷慨好施。

弹剑的歌唱家

自函谷关之围后，孟尝君的国际地位大大提升。提起齐国，人们只知道有孟尝君，不知道齐湣王。这让齐湣王很不是滋味，出于嫉妒和畏惧，齐湣王决定整治孟尝君。

没过不久，有人告诉齐湣王，说孟尝君将要造反，这更令齐湣王畏惧，同时也坚定了他除掉孟尝君的决心。

事有凑巧，紧接着齐湣王竟然被一个叫田甲的人劫持。孟尝君府上的食客很多，各色人等都有，齐湣王坚决认为劫持他的主谋是孟尝君。

事情闹到这个地步，尽管不是劫持齐湣王的主谋，孟尝君也不得不离家出逃。而离家出逃根本就是“此地无银三百两”，孟尝君更加百口莫辩。

就在孟尝君不知如何是好的时候，有一位贤人挺身而出，为孟尝君出主意。

原来，孟尝君还是国相的时候，这位贤人曾住在他的封邑。一次，孟尝君让魏子去收租税。一去一来，三次往返，魏子竟然连一分钱都没收回。

孟尝君问魏子，几次都是两手空空而回是什么缘故。魏子说，他见孟尝君的封邑上住有一位贤人，私下以孟尝君的名义将租税全部赠送给那位贤人了。

那位贤人一直对孟尝君感恩戴德，此次见孟尝君深陷困境，便挺身而出为他辩白。他以性命担保，孟尝君绝不会犯上作乱。话刚说完，他拔出佩剑，自刎而死。

有人肯为孟尝君而死，令齐湣王深受震惊，于是他开始认真追查考问劫持他的人的实际情况，最后得出结论：孟尝君果然不是幕后主谋。

尽管冤情被洗刷，但孟尝君与齐湣王之间已经生出嫌隙。所以，当齐湣王再召孟尝君回去当官时，他自称有病，只乞求能够回到封地颐养天年。只要孟尝君不当官，对齐湣王的威胁就不大，所以齐湣王顺水推舟准许孟尝君回封地养老。

孟尝君离开朝廷后，齐湣王准备施展连横秦国的策略。这时，秦国的逃亡将领吕礼恰好在齐国，齐湣王听从亲弗的建议，让吕礼担任齐国的国相。

为了争宠，吕礼屡次为难苏代，苏代就前往孟尝君处游说，想激孟尝君出山。

苏代告诉孟尝君，为了能连横秦国，齐湣王连对他最忠心的周最都给赶走了，并且一味听从亲弗的话，让吕礼担任国相。如此看来，齐、秦将会实现连横。如果齐、秦真的结盟，曾与秦国有旧的孟尝君必然受到轻视。

苏代建议孟尝君北上，使赵、秦和魏讲和，并将周最召回来。

这么一来，既能体现孟尝君的厚道，也能为齐湣王挽回信誉。再者，如果齐国不与秦国连横，其他小国一定会依附齐国。这样，齐国仍然是东方霸主，除了孟尝君便没有人配与齐湣王一起治理国家。

孟尝君听从苏代的建议再次出山，但他的行为却得罪了吕礼，妒忌心很重的吕礼下定了谋害孟尝君决心。

孟尝君此次出山，由于没有国相的身份，所以办事很不顺利。当时齐湣王想整治他，吕礼企图谋害他，为了确保自身安全，孟尝君就写信给秦国国相魏冉，劝他发兵攻打齐国。

信上说，如果吕礼实现秦、齐连横的计划，吕礼一定会被重视，而魏冉一定会被轻视。魏冉若为自己设身处地地考虑，就该说服秦国攻打齐国，而不是与齐国联盟。如果秦国攻陷齐国，孟尝君会设法说服秦昭襄王，将攻占的土地分封给魏冉。

魏冉对土地和权势皆十分贪恋，因此他听从孟尝君的建议，劝说秦昭襄王发兵攻打齐国。听说此事的吕礼，对自己的前途甚是担忧，于是逃离齐国。

公元前 286 年，齐国灭亡宋国后，齐湣王日渐骄横，本就对孟尝君不满的齐湣王决定除掉孟尝君。

这些年，孟尝君的势力虽然日渐衰微，府上的食客也越来越少，但是还有一个冯谖。

当年由于田甲劫持齐湣王一事，孟尝君被贬官。在回封地颐养天年的路上，孟尝君府上 3000 多个门客纷纷借故离去，有的甚至连招呼都不打就走了，孟尝君心下凄冷，叹了一句："客见文一日废，皆背文而去，莫顾文者。"（司马迁《史记·孟尝君列传》）

有感于人情淡薄，宋代人吴潜曾写道"生愧孟尝挽一日，叹

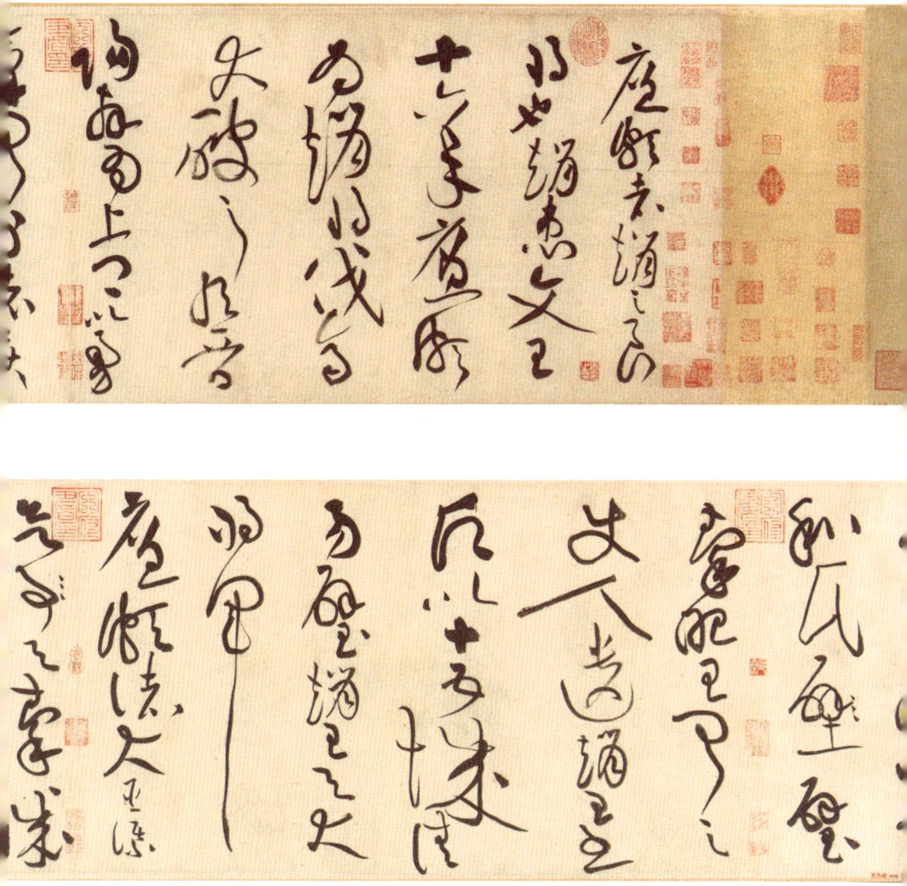

廉颇蔺相如列传　黄庭坚书法

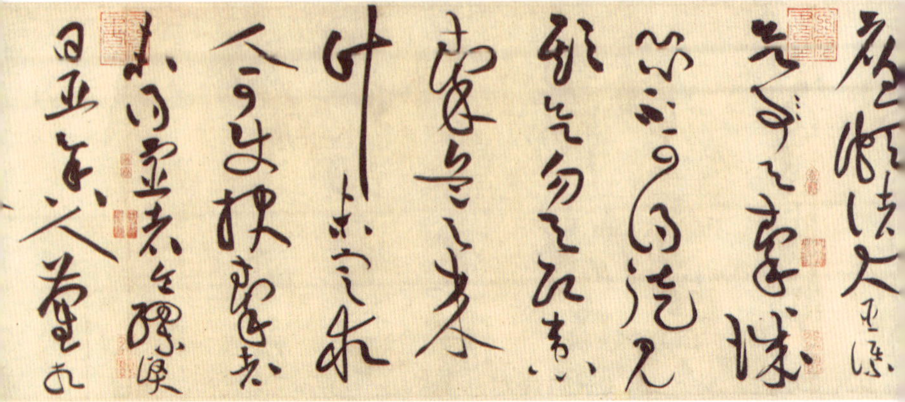

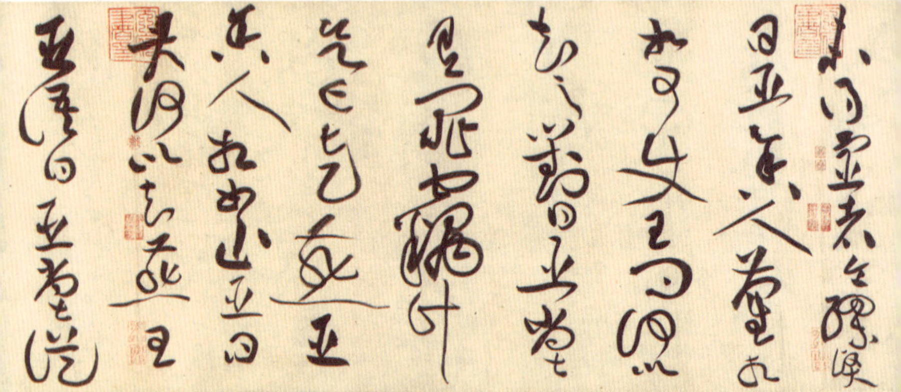

三千、客汗挥成雨”(《贺新郎·宝扇驱纤暑》)。意思是，孟尝君的三千食客，没有多少靠得住。

当初，冯谖也是慕孟尝君招贤的名，所以前往投奔。来投奔的冯谖穿着一双草鞋，因此被很多人看低。

那时孟尝君府上的食客，已经有很多成名的人物。冯谖无名无势，只有一把破剑，孟尝君问他：“你远道而来，对我有什么指教吗？”

“听说你乐于养士，我穷得揭不开锅，只想混口饭吃。”

谈话如此，孟尝君不再多说，安排冯谖住在下等人的处所。由于人员庞杂，为方便管理也为激发食客的进取心，孟尝君府上对待士人的待遇分上中下三等。冯谖住在下等住房，受到的待遇自然是下等人的，例如吃饭没鱼。

过了几天，孟尝君问负责之人，冯谖最近干了什么。

冯谖有一把佩剑，但是没有剑鞘，而是用一根草绳缠着剑把。每天吃完饭，冯谖就击剑而唱：“长铗归来乎，食无鱼！”意思是，长剑呀，我们还是回家吧，吃饭都没鱼。

听闻此，孟尝君命人将冯谖迁到中等食客的住所里，吃饭有鱼了。但是，冯谖还是弹剑而歌，高声大唱：“长铗归来乎，出无舆！”

孟尝君又安排冯谖到上等食客的住所，出入有马车接送。然而，冯谖还是同样弹剑而歌，高声大唱：“长铗归来乎，无以为家！”

冯谖天天乱唱，不仅其他食客听厌了，连孟尝君也心烦了，不再管理他。

一年多后，孟尝君就想看看，冯谖这个糟老头究竟有多大能耐。孟尝君府上养了3000多人，尽管他有万户封邑，但是收上来的赋税仍然不够供养这么多人，于是就放高利贷。

这一年，庄稼歉收，百姓没法还钱。想到3000多个人的衣食，孟尝君忧心忡忡。有人告诉孟尝君，上等客房里的冯谖是长者，精明且办事稳重，是收债的最佳人选。

接到任务后冯谖也不多说，告别孟尝君径直前往薛县。能还的还了，一共收了十万钱的利息。

拿着这些钱，冯谖酿了很多好酒，买了肥牛，召集所有欠孟尝君钱的人，让他们都带上借据，办了一次盛大的宴会。

喝到兴头上，冯谖告诉众人，孟尝君之所以放高利贷，目的是借钱给没资金从事生活、生产的人；孟尝君索债，主要是府上食客太多，已经没钱财供养。现在日子已经到期了，能还的人已经还了。至于不能还的人，一律免除。最后，冯谖强调，“有君如此，岂可负哉！”

众人听后，深受感动，纷纷跪倒，拜了两拜。

听说此事后，孟尝君大怒，厉声责备冯谖。冯谖说，他大办宴会，是想看看，谁有能力还债，谁没有能力。对于有能力的人，只要给予一个期限，他们一定还。对于没有能力的，即使给他们十年，他们还是还不上。

如果百姓还不上，东家又催逼，他们只有逃亡的路可走。如果百姓纷纷逃亡，天下人会说东家刻薄，容不下百姓，这有损于东家的声誉。既然百姓还不上，为什么不免除他们的债务？这还可以树立声名。

经过冯谖这么分析，孟尝君很赞同，连声向冯谖表示谢意。

第七章

险死还生的燕与由盛转衰的齐

燕昭王的黄金台

黑云压城城欲摧，甲光向日金鳞开。

角声满天秋色里，塞上燕脂凝夜紫。

半卷红旗临易水，霜重鼓寒声不起。

报君黄金台上意，提携玉龙为君死。

——李贺《雁门太守行》

这首乐府诗，乃是唐代才子李贺有感于古人筑造黄金台招贤而作，同时也抒发了他渴望为国建功但不得渠道的苦闷心理。

自从有黄金台招贤这个事例以来，无数才子，纷纷以黄金台招贤为典故，抒发渴望建立功名的雄心壮志。

李白写道："燕昭延郭隗，遂筑黄金台。剧辛方赵至，邹衍复齐来。"（《古风其十五》）意思是说，燕昭王听从郭隗的建议，建造一座黄金台，广招天下有才之士。天下才子听说后，纷纷投奔燕国，连邹衍都放弃稷下学宫的优越生活奔赴燕国。

前文曾说，燕王哙被朝臣欺蒙，贸然将国家禅让给国相子之，最终引发内乱。当燕国发生内乱之际，齐国和中山国趁机发兵入侵。齐国占领燕国，中山国也抢夺了大片土地。

赵国不愿齐国和中山国捞便宜，于是保护还在韩国当人质的太子回燕国继位，借此分一杯羹。国家遭受大辱，燕昭王继位后，立志报复齐国，一雪前耻。但是，当时的齐国是东方霸主，连秦国都不敢贸然进攻齐国，何况是刚刚遭受战乱，还没恢复的燕国。

继位后，燕昭王大举招纳贤才，但是效果并不理想。时间一晃就过了几年，燕国仍旧没有治国的人才。苦闷的燕昭王向郭隗问原因。郭隗没有直接回答，而是讲了一个小故事给燕昭王听。

从前，有一个富人爱马如命。为了一匹好马，即使用千两黄金购买也在所不惜。但是，三年过去了，富人连好马的影子都没见过。不久，一位自称是伯乐的人告诉富人，说他能够找到好马。

果然，不到三个月，他就通知富人，说找到好马了。但是，令富人生气的是，对方竟然送一颗马头给他，而且还花了五百两黄金。

富人告诉对方，他要的是活马，一颗死马的头对他没有用处。对方说，用五百两黄金买一颗死马的头，只是象征。这个行为表明富人的爱马之心，如果此事传开来，天下的好马会纷纷被运送到富人跟前。

富人按对方的话去做，不到一年，就收购了三匹上好的马。

郭隗的意思是，如果真心求贤，光舍得出大价钱不行，还要有先例。如果燕昭王连他身边的人都肯优礼重金厚待，即使远在千里的人才，也会纷纷投奔。

燕昭王听后，长跪在地拜郭隗为师，并且为郭隗建造了一栋豪宅。

紧接着，燕昭王花费重金修建了令无数有志之士羡慕的黄金台。黄金台，又称招贤台，位于现今河北省定兴县高里乡北章村。

黄金台筑好不久，大将乐毅离开魏国，只身前赴燕国。乐毅此行，既启动了他人生的辉煌之路，也拉开了燕国报复齐国的幕布。

乐毅是名将之后，他的祖上是魏文侯的宠将乐羊，乐羊曾经将飞扬跋扈的中山国给灭了。乐毅是本为赵将，赵武灵王遭受沙丘政变后，乐毅万分伤心，于是离开赵国，到魏国谋得了大夫之位。

但是，乐毅在魏国无法施展抱负。燕国的黄金台筑好三年后，乐毅离开魏国奔赴燕国。与燕昭王第一次见面时，乐毅的身份是魏国的使臣。燕昭王对乐毅施以厚礼，乐毅被打动，答应委身为燕国的臣子。

为表达谢意，燕昭王封乐毅为亚卿。亚卿这个职位，地位仅次于上卿。《史记》记载："燕昭王吊死问孤，与百姓同甘苦。"

有国君如此，凡是失意的才子，人人称慕黄金台。李白曾希望，有人会"洒扫黄金台，招邀青云客"(《寄上吴王其三》)；刘辰翁说，"袖有玉龙提携去，满眼黄金台骨"(《金缕曲》)；李商隐甚至说，"夜归碣石馆，朝上黄金台"(《对题枢言草阁三十二韵》)。

在黄金台的帮助下，燕国招纳了三个厉害人物，军事家乐毅、纵横家苏秦和哲学家邹衍。

以金、木、水、火、土五行循环为历史发展轨迹，邹衍向燕昭王提出了他的哲学见解。他说，商朝的命运在于金德，崇尚白色，地理位置在西边；能够克制金的是火，因此周朝的命运在于火德，崇尚红色，地理位置在南方；能够克制火的是水，下一个王朝的命运一定是水德，崇尚黑色，地理位置在北方。

这个时期，最厉害的将军乐毅在燕国，最厉害的纵横家为燕国办事，命运又注定燕国生长在最北边，所以燕昭王雄心大起，决定先吞并齐国，紧接着称霸天下。

这时，历史已经走到了公元前 286 年，宋国已经被齐国吞并了。齐国的国君是一个新君，人称齐湣王。燕、楚、宋等国先后被齐国打败，韩、魏又俯首称臣，齐国帮助赵国彻底灭亡中山国，齐湣王不仅在对外策略上骄傲，还蓄意打击孟尝君。最突出的例子是，齐湣王与秦昭襄王相约，两人同时称帝，秦昭襄王自称西帝，齐湣王自称东帝。

狂妄的齐湣王惹得国内百姓怨恨，国外诸侯国纷纷反对，秦国第一个向齐国发难。秦国向齐国发难，有国家利益的争夺，也有私人利益的抢夺。齐国吞并宋国后，秦国国相魏冉很渴望的陶郡就落在齐国手里。

如果魏冉想夺取陶郡，只有用武力抢夺。

公元前 285 年，为了联合进攻齐国，秦昭襄王和楚顷襄王见了一面。以秦军为主，以楚军为辅，在秦国大将蒙骜的率领下，联军穿越韩、魏国境，侵犯齐国的河东地区，抢夺了九座城池。

连盟友韩、魏都不帮助齐国，可见齐国已经陷入众叛亲离的绝境，于是燕昭王命令乐毅攻打齐国。

活着的理由

燕昭王心意已决，乐毅不忍心违背他的意思，答应出军。但是，他提出一个条件：联合其他诸侯国。

乐毅的意思是，尽管齐国衰败了，但“百足之虫，死而不僵”，它的根基还很深厚，仅凭燕国的力量不一定能够彻底占领齐国。

燕昭王觉得有理，于是派人联合楚国和魏国。乐毅曾经是赵国的名将，很得赵国器重。赵惠王不仅答应将军队交给乐毅，还用占领齐国之后的利益诱劝秦国出兵。

经过一番努力，公元前 284 年，乐毅佩戴燕、赵两国的相印，率领燕、赵、秦、韩、魏五国军队，浩浩荡荡地向齐国进发，这就是乐毅心目中的“举天下而攻之”。

为吸引齐国的主力，秦国大将蒙骜从河东地区进攻。齐国果然上当，倾全国主力，火速开往河东地区抵抗蒙骜大军。

就在这个时候，乐毅指挥燕、赵主力，从赵国的东南方出击，一鼓攻陷齐国西北边的边境屏障灵丘（今山东高唐南）。

灵丘失陷，齐国就暴露在联军的刀剑之下，全国一片慌乱。齐湣王急忙任触子为大将，达子为副将，命他们火速前往济西迎战乐毅。

两军沿济水安营扎寨，触子认为联军势大且锐气当头，应该先避开他们的锐气，凭河坚守，拖一段时间，等联军疲倦后再出击。

但是，齐湣王却认为敌人都打到家门口了，如果不全力出击，岂不颜面尽失？他威胁触子，如果不出军作战，触子的全家将会被斩，甚至连祖坟都要被刨。

触子心地仁厚，他既忍受不了全家被杀、祖坟被刨，也忍受不了驱赶自己的士兵去送死。所以在两军列阵相持，即将开战之际，触子突然鸣金收兵，悄悄地逃得不知所终。

想当初，齐、楚展开垂沙大战时，齐国之所以能胜利，在于大将匡章能够抵挡得住国君的威胁。触子却抵挡不住国君的威胁，临阵脱逃。乐毅见齐军群龙无首，率领马杀得齐国军队片甲不留。

联军乘胜追击，势如破竹，锐不可当。齐军副将达子收编残兵败将，退守都城临淄的西大门秦周。如果秦周被攻陷，临淄就很危险。

为了激发士兵的斗志，达子建议齐湣王犒劳军士。此时的齐国，已经陷入将近崩溃的边缘，没有多余的积蓄赏赐。如果真要赏赐，只能从国君的私库中提取。

让齐湣王动用私库，令他十分恼火，他不仅不发放，还大骂达子，说达子与触子是一丘之貉。

国君无道，军士灰心绝望，毫无斗志，不堪一击。秦周被攻陷，达子战死，临淄城突兀地矗立在乐毅眼前。

齐国已经惨败，诸侯国从中捞了不少好处，于是见好就收，纷纷撤军，只有燕军笔直地朝临淄进发。

乐毅的速度之快，令临淄城民措手不及，于是都城很快被攻陷，当时齐湣王已经逃跑。

燕昭王听说临淄被攻陷的大好消息后，火速来到济水岸边，封乐毅为昌平君，并举行了一场声势浩大的授勋仪式，任命乐毅为他驻扎齐国的全权代表。

所谓“三十年河东，三十年河西”，30年前，齐军在燕国首都所做的一切，在30年后的临淄重演。

逃离国都后，齐湣王如丧家之犬，一路南奔来到卫国。曾经，齐国对卫国有恩。卫王感恩戴德，让出自己的宫殿给齐湣王住，让出自己的生活用具给齐湣王用。总之，齐湣王在卫国所受到的待遇，就像他在齐国受到的一样。

但是，齐湣王并没有吸取亡国的教训，还把自己当成以前的齐湣王。他竟然在卫国耍国君的脾气，对卫国君臣颐指气使，毫不尊重。卫国一怒之下，断绝对齐湣王的供给。

齐湣王只能再次逃亡，他来到邹国和鲁国，结果这两个国家都不接纳他。不被其他国家接纳，无处可去的齐湣王只能逃回自己的国家，栖身在南部小城镇莒。

正当齐湣王走投无路之时，楚国向他伸出了援助之手，派大将淖齿率领一万多人保护齐湣王。楚国之所以出军帮助齐国，只不过想牵制乐毅，使他不能完全占领齐国。

看见一线生机，齐湣王又摆出架子，封淖齿为相。

尽管遭遇这些战乱，齐湣王自高自大的性格还是没有改变，一贯轻慢侮辱他人。淖齿不是触子，也不是达子，遂起兵反抗。

齐湣王手无缚鸡之力，很容易就被淖齿控制。淖齿问齐湣王，他是否知道从千乘到博昌一带，天上下的雨是血雨。齐湣王很高傲地说，他不知道。

淖齿的眼睛就要冒出火来，说在嬴、博一带，大地突然裂开，黑色的泉水迸涌而出，奔腾咆哮，问齐湣王是否知道这些事。齐湣王还是高傲地说，他一点都不知道。

最后，淖齿又问，这些日子人们常常听到山谷之间有孤魂野鬼的哭声，问齐湣王是否知道。齐湣王仍旧高傲地回答，他什么都不知道。

忍无可忍的淖齿直接说，天上下血雨，是上天对齐湣王的警示；大地冒黑色的泉水，是大地对齐湣王愤恨的表示；至于山谷之间有哭声，那就是百姓对齐湣王的控诉。

淖齿的意思是，既然上天、大地和人民都愤恨齐湣王，齐湣王就没有活在世上的必要。

一位身材魁梧、手段高明的大汉走到齐湣王身边，突然抽出一把刀，像解剖尸体一样将齐湣王的筋一根根拉断。紧接着，齐湣王被放进一面大鼓之中，大鼓就成了齐湣王的最后归宿。

最后的希望

东方强国深受重创，国际势力又进行了一番重组。首先，在乐毅的带领下，燕国迅速崛起，名列战国七雄，诸侯国对其又恨又畏惧；其次，被齐国吞并的宋国又被秦、魏瓜分，穰侯魏冉终于夺得了宋国最富庶的陶郡和周边地区，余下的都被魏国占领；最后，淮北一带重新回归楚国的怀抱。

燕国是小国，兵力不足，无法全部占领齐国。因此，乐毅打的是闪电战，即带领军队火速出击，直捣齐国的战略中枢。占领重要地带后，再回过头去收拾齐国的残兵败将。

在乐毅带领的精锐之师的扫荡下，齐国的大部分地区都沦陷了，只剩莒、即墨（今山东省平度市东南）这两座城池。而齐湣王就是在莒城被楚国大将淖齿杀害的。

猖狂的淖齿激起了齐国百姓的愤怒，尤其是以王孙贾为首的保王派。王孙贾之所以敢公然反抗淖齿，有他母亲的原因。

王孙贾一直侍奉齐湣王。当燕国打进国都时，齐湣王逃跑了，但王孙贾却不知齐湣王逃到何处。回到家后，他的母亲对他说：

“你每日早出晚归，我时常倚着家门盼望你归来；若等到晚上你迟迟未归，我会依旧倚着家门盼望你归来。你侍奉的大王逃跑了，你却不知他逃到何处，为什么还要回家来？”

听了老母亲一席痛骂，王孙贾激动万分，于是跑到巷口露出右臂，登高大呼：楚将淖齿杀害我们的国君，齐国百姓应该报仇雪恨。

没过多久，就有400多个身材魁梧的大汉参加。众人操起家伙，在王孙贾的带领下，气势汹汹地攻向楚军大营。淖齿毫无防备，在战乱中被杀，楚军溃败。

王孙贾有勇无谋，没有能力带领齐国，只能遍地寻找太子田法章。几日后终于在一户大户人家找到太子，那时的太子竟已私订终身，令众人惊叹。

原来，齐湣王被淖齿杀害后，恐惧的田法章偷偷地换了一身下人的衣服逃跑了。流浪一段时间后，他混到太史嬓的府上，负责浇灌蔬菜。

太史嬓生有一个女儿，正当妙龄。少女见田法章气度非凡，于是将终生托付给他。不久，王孙贾等人找到太子后，暂时以莒为都城，田法章继位，人称齐襄王。

太史姑娘被封为王后，但是，其父一点都不高兴，因为在他不知情的情况下，女儿竟与园丁私订终身。尽管父亲不高兴，女儿对父亲还是礼貌有加。从这一件小事，就可以看出齐襄王王后的手段十分高明。这就不难解释，为什么她能主导齐国外交政策几十年。

对齐国而言，莒城的胜利只是小胜利，因为即墨出了一个更加有谋略的领导人物，他就是田单，这才是齐国真正值得庆幸的。

田单是齐湣王的臣子，但是官职很小。乐毅就要攻破临淄时，全城人心惶惶，纷纷出逃，田单比别人快一步，先逃到安平。

不久，燕国军队又扑向安平，安平百姓人心惶惶，唯独田单指挥若定。但是他指挥的仅仅是自己的家仆。城就要破了，许多大户人家纷纷带上值钱的东西，坐上马车快速逃亡。田单不慌不忙，他不着急跑，而是先给车轴装上两个又坚硬又笨重的铁笼头。

来到城门口，马车非常多，免不了发生碰撞，不少马车的车轴都给撞断了。田单的马车却因套有两个铁笼头，最后安然无恙。

逃到即墨后，人们发现田单最有谋略，都推举他为首领。而即墨是一座孤城，四周都是乐毅的军队，被攻陷的可能性很大。

更令田单感到棘手的是，为了稳定情绪，收服民心，乐毅在占领区不断散布消息，只要诚心归降者，燕军一定不抓捕，并且供给吃喝。齐湣王在位时，非常骄横，有很多遭受诟病的严刑峻法。乐毅不仅废除严刑峻法，还改善治安环境，降低赋税，拉拢齐国的贤人入朝为官，奖励耕织。

四周都是战后欣欣向荣的局面，即墨城中的人都想出来投降，因为他们已经被乐毅围困了三年。

齐军的秘密武器

在被围困的三年里，田单并没有停下来。他也像乐毅一样开展攻心术，将即墨城中的百姓紧紧地拴在对祖先的情感上。

同时，田单还使用离间计挑拨乐毅与燕昭王的关系。有人向燕昭王进谗言，说乐毅片刻之间就能攻陷齐国的 70 余座城，甚至连国都临淄都可攻陷。现在居然花了三年的时间还没攻陷一座小小的即墨。由此看来，不是攻不下，而是乐毅不想攻，因为他要待价而沽。进谗之人甚至说，乐毅想独霸齐国，自封为齐王。

但燕昭王并没有听信谗言，为了给予乐毅支持与鼓励，他举办了一次规模盛大的酒宴，参加的人有文武百官和各国的使节。在酒宴上，燕昭王当众责备进谗中伤乐毅的人，他的意思是：燕国之所以能有今天，全在尊重人才，对人才放心任用。齐国趁燕国内乱，出军侵犯甚至杀害燕王哙。这种深仇大恨却很难报，因为齐国是强国。如果没有乐毅，仅凭燕昭王根本不能打败齐国，更别说攻陷齐国 70 余城。

燕昭王曾经许诺，只要有人能为他报仇，即使平分一半燕国给对方都在所不惜。乐毅带领军队占领齐国，可以说齐国就是他的，他有称王的权力。再说，乐毅当了齐王后，燕国就能与齐国结交成兄弟之国，共同抵御外敌，真是天大的好事。

某些人居心叵测，蓄意挑拨燕昭王与乐毅的关系，罪可致死。燕昭王一声令下，进谗中伤之人，就被拖出去砍了。

事后，燕昭王送王后的服装给乐毅的夫人，送王太子的服装给乐毅的儿子，又命国相远赴前线，宣读乐毅为齐王的诏书。

乐毅感激涕零，死活不肯接受。可惜，好景不长，两年后，燕昭王死了，与乐毅不和睦的燕惠王继位。

与齐宣王的死是齐国霸业的转折点一样，燕昭王的死也是燕国侵占齐国的转折点，它标志燕国侵占齐国失败的开始。

田单抓住时机，又一次使用离间计，挑拨燕惠王与乐毅的关系。此次进谗中伤的内容与上次一样，不同的是，燕昭王不信，燕惠王却相信了。

受到燕惠王怀疑的乐毅不再敢回燕国，而是径直向赵国进发。乐毅走了，“燕人士卒忿”。之后，燕惠王重用的是只会高谈阔论的骑劫。

趁燕军军心不稳，田单就大造声势。首先，即墨城里每次吃饭前，都要祭祀祖先。这么多的好饭好菜，引得天上的鸟儿纷纷飞下来啄食。时间一长，无数鸟儿在即墨上空盘旋飞舞，十分壮观。城外的燕军看了，都觉得有神灵帮助齐国。不仅如此，田单还扬言将会有神仙下凡帮助即墨城克敌制胜。为了更加切合实际，田单更改了口吻，说神仙会派老师来指导他。

“我可以当你的老师吗？”一天一个士兵这样对田单说道，但他说完就一溜烟跑了。田单一把抓住士兵，请士兵坐在面向东方的上座，用侍奉老师的礼节对待士兵。

“我是骗你的，其实我一无是处。”士兵惊慌地说。

“你无须多言。”田单斩钉截铁地说。

自此而后，每逢发号施令，田单都要请教这位“神仙派遣下凡的老师”。

紧接着，田单又放出话：即墨城民最害怕见到燕军割掉齐国俘虏鼻子的惨状，如果齐军割掉俘虏的鼻子，等到下次两军相遇时，即墨城一定不攻自破。

骑劫很天真地相信了，拉出齐军俘虏，在烈日下排成一条直线。一声令下，齐军俘虏的鼻子纷纷掉在地下，呼喊惨痛的声音震天盖地。

即墨城民见此惨状，人人义愤填膺，对燕军恨之入骨。另一方面，他们彻底打消了投降的念头，因为害怕鼻子被割掉。

过些日子，田单又放出话来：即墨城民最害怕城外的祖坟被挖，因为那污辱了他们的祖先。

这次骑劫又相信了，竟然将即墨城外的坟都给刨了，还将尸骨给烧成灰烬。

看见满天飘扬的骨灰，即墨城民痛哭流涕，愤怒的情绪陡然增长了十倍，纷纷请求出城杀敌。

时机成熟了，田单开始修建防御工事。他不光操起夹板铲锹，与士兵们一起修筑工事，还将妻妾都编在队伍之中，拿出全部食物犒劳士卒。

不仅如此，田单还收集民间的所有财物，一共获得一千镒黄金，让最有钱有势的人送给燕军，并请求燕军攻破即墨城后，不要俘虏他们的妻儿子女。

燕军放眼一看，只见即墨城上的守卫全是老弱病残，甚至连妇女都有，戒备的心松懈了。就在这个时候，田单又派人到燕军营中，商量投降一事。

大将军乐毅攻了5年，即墨城固若金汤，毫无结果。骑劫刚刚上任，即墨就喊投降，燕军万分高兴。

在约定的时间和地点，骑劫优哉游哉地等待田单的投降。但是他等来的不是降军而是墨城中突然冲出的1000多头五彩斑斓的怪物，这些怪物的身上还燃着烈火。

光是这些怪物就很骇人了，谁又会想得到在这些怪物身后，竟然还有5000多个身材魁梧手持大刀的汉子。

原来，城墙上老弱病残的守卫是假象，全是田单的障眼法。他早就暗中训练了一批敢死队。

这些燃着烈火的怪物不是神物，而是又高又大的牛。田单给它们披上大红绸绢制成的被服，又在上面画一些五颜六色的蛟龙图案，给牛角绑上锋利的刀子，在牛尾巴上系一段浸满油脂的芦苇。

为了使1000多头肥壮的牛能同时攻向燕军，壮大骇人的声势，杀得对方措手不及。田单冒着城墙被攻破的危险，暗中凿了几十个大洞。凡是田单凿削过的地方，城墙就很薄。如果燕军中有机灵人物，一定会发现。可惜，骑劫不是乐毅，他没有发现。

牛群被烈火烧得疼痛，发狂般朝燕军大营急冲。又是在夜晚，燕军毫无防备，不是被牛伤害，就是被牛群身后的5000壮士砍杀。同时，城墙上老弱病残的守卫使劲击鼓助威，甚至有人跟在5000壮士身后大声呐喊，真是声震天宇。

《史记》的原文是："牛尾炬火光明炫耀，燕军视之皆龙文，所触尽死伤。五千人因衔枚击之，而城中鼓噪从之，老弱皆击铜器为声，声动天地。"

在一番响彻天地的喊杀声中，骑劫没有能力迅速组织战阵，连自己也死在乱军之中。燕军溃散逃命，齐军乘胜追击，杀得好不痛快！

这时，其他沦陷的城市纷纷反攻，没有大将带领，燕军就如乌合之众，片刻间就被驱逐出齐国疆界。

田单收回了被燕军占领的70余城后，前往莒城迎接齐襄王回临淄。

公元前279年，齐襄王返回临淄。在形式上，齐国还是以前的齐国。但是，在本质上，齐国已经沦为小国了，不再是东方霸主。

尽管乐毅没有完全占领齐国，燕国也没有彻底摧毁齐国，但是，齐国是败在乐毅的军队之下的，是败在燕昭王的招贤台下的。

做好事的风险

直到骑劫被杀，燕军被齐国逼退到黄河边上，燕惠王才醒悟，后悔不该让骑劫代替乐毅。此时的乐毅正在赵国，赵国赏赐观津给乐毅，封他为望诸君。

虽然燕惠王很后悔，但他还是很怨恨乐毅，因为他害怕乐毅为报仇而率领赵国军队攻打燕国，于是就派使者去责备乐毅：

“燕惠王刚刚继位，还不了解国家大事，致使被奸人的谗言欺蒙。当时他调你回燕国，是怜惜你长年征战在外，想让你休息一下。谁知你竟然听信谗言，误以为大王要伤害你，悄悄地跑到赵国。你走后，致使燕军被齐军打败，你怎么对得住燕昭王招贤台的知遇之恩？”

这一席话，将所有的责任都推在乐毅身上，燕惠王反而成了受害者。

为表明心志，乐毅写了一封慷慨激昂的信给燕惠王。乐毅先说燕昭王对他的重用和渴望报复齐国的志向，接着指出他联合诸侯国攻破齐国，为燕昭王实现了自五霸以来最大的功勋，燕昭王也非常满足。然而，“善作者不必善成，善始者不必善终”。伍子胥不懂得这个道理，最终死在夫差手上。伍子胥死不瞑目，乐毅不想蹈他的覆辙，只得逃到别的诸侯国。他保证，“君子，交绝不出恶声”(《史记·乐毅列传》)。无论如何，一定不会为个人恩怨，为赵国带兵攻打燕国。

既然乐毅侠义高风，不与燕国为敌，燕惠王就封乐毅的儿子乐间为昌国君。自此而后，乐毅来往于燕、赵之间，与燕惠王交好，燕、赵两国都任用他为客卿。最后，乐毅老死在赵国。

《史记》记载：“始齐之蒯通及主父偃读乐毅之报燕王书，未尝不废书而泣也。”因为乐毅心胸坦荡，是一个品格高尚的君子，而他所面对的，是一个一贯以小人之心度君子之腹的国君。小人与君子对比，突显了乐毅这位君子的高风亮节。

与燕惠王一样，齐襄王也是一个小肚鸡肠、妒贤嫉能的小人。诸侯国的国君一代不如一代，这就不难理解它们的灭亡。

当初，田单一举光复齐国70余城，劳苦功高。齐国百姓都认为，田单会自封为王。但田单并没有这样做，他甘居人下，迎立齐襄王，自己只担任相国。当上相国后，为使齐国尽快从战乱中恢复，田单可谓日理万机。

一次，田单见到一个老人躺在淄水边，光着两只脚，眼看就要被冻死了。原来，这个衣衫单薄的老人只身渡过了淄水。

看着可怜的老人，田单急忙脱下身上的狐裘大衣将老人裹好。田单怎么都没有想到，就因为这件救人的小事，害他差一点死在齐襄王的手里。

在齐国，田单的名气已经很大，别人再将他“解衣衣人”这件美事传开，他的名声就“功高盖主”了。

齐国那些腐化的贵族大夫们，对田单妒贤嫉能，总想整治田单。借此“大好时机”，他们就将好事说成坏事，将小事说成大事。

齐襄王听信谗言，自言自语地说：“田单这样无所不用其极地收买人心，只有一个目的，就是图谋我的王位。如果不先发制人，一定会栽在田单手里。”

话刚出口，齐襄王就后悔了，因为他身边有一个侍从，人称采珠人。

“刚才，你听到什么了吗？”齐襄王很惊恐地问，因为他确实害怕田单先发制人。

“什么都听到了。”采珠人这么大胆地回答，齐襄王真被吓了一大跳，怀疑他就是田单安插的心腹。

“既然你什么都听到了，你认为我应该怎么做呢？”这话是齐襄王故意问的，因为他想确认采珠人是否是田单的心腹。

采珠人告诉齐襄王，不用担心，只要顺水推舟，一切困难都会在无形之中被消弭。首先，齐襄王应该嘉奖田单。如果田单被嘉奖，世人就会认为，田单做好事，那是为齐襄王做的。如此一来，田单所赢得的民心，都归齐襄王所有。

其次，齐襄王应该惩处那些进谗中伤田单的人，让别人不敢再次挑拨离间。如果有人挑拨齐襄王和田单的关系，就证明田单与齐襄王不和睦，世人就不会将对田单的感恩戴德转移到齐襄王身上。

几天后，在朝堂上，当着百官的面，齐襄王对田单礼遇有加，对田单“解衣衣人”的行为深表慰问。

齐襄王说，他十分关注百姓的疾苦，很希望有人为他履行这份职责。田单赐予百姓衣食，深合他的心意。

经过这番滑稽的表演，齐襄王就将田单“解衣衣人”的功劳给抢过去了。

不光如此，又过了几天后，齐国的大街小巷都设有官府的赈济处，专门赈济饥寒交迫的人。

百姓们接受赈济后，都说：“田单之爱人！嗟，乃王之教泽也！”（《战国策 · 齐策六 · 燕攻齐齐破》）

意思是说，哎呀，原来田单之所以爱护百姓，全因为齐襄王教导得好！

所以齐襄王终究没有杀害田单，也没有设计将田单赶出齐国，而是封田单为安平君。

司马迁很赏识田单的作战方略，指出“兵以正合，以奇胜。善之者，出奇无穷。奇正还相生，如环之无端”。

这几句话，与清人吴见思的观点相合，即田单是战国的一个奇人，即墨之战是战国史上一场意义深远的战争。

第八章

胡服骑射，赵国强势崛起

秦、魏、齐、韩、楚，五国“会葬”

1903年，梁启超发表了《黄帝以后的第一伟人——赵武灵王传》，描述了赵武灵王改革的成就。

春秋五霸和战国七雄，都是经历一场深刻的社会变革后才称霸一方的。尽管秦国的称霸得益于秦孝公所坚持的商鞅变法，梁启超还是没将秦孝公列为黄帝以后的第一伟人，这是有原因的。

台湾学者柏杨也认为，“赵雍先生是一个传奇人物，从他坚持变更服装、更新装备一事，可看出他观察力之强和意志之坚。赵国疆土，在他手中倍增，战斗力也倍增。如果他能够再活二十年，秦国可能受到严重威胁，历史又如何发展，难以预料”（《白话资治通鉴》）。这里的赵雍，就是赵武灵王。

赵武灵王是一个传奇人物，刚继位时，他轻轻松松就将严峻的考验化解了。

当初以赵国为中心的合纵策略成功后，不仅秦国有15年不敢窥视函谷关以东，连其他诸侯国对赵国也畏惧得紧。那时的赵国国君，就是大名鼎鼎的赵肃侯。而赵武灵王就是赵肃侯的儿子。

但是，好景不长，公元前326年，赵肃侯去世，历史的重担就压在年轻的赵武灵王肩上。

以吊丧为名，秦、魏、齐、韩、楚等国纷纷前往赵国，各国使者身后都跟着几万军队。在这些国家中，魏国最想趁赵国丧乱打击赵国，因为赵肃侯曾在与魏国的争夺中夺得卫国。

赵肃侯传承了赵简子、赵襄子和赵成侯的英明神武，知道各个诸侯国不是善类，预先为年少的赵武灵王安排了辅助大臣。在公子成和肥义的辅助下，赵武灵王轻轻松松地化解了几国的威胁，初次体现了他的能力。

首先，年仅15岁的赵武灵王宣布赵国处于戒严状态，赵国的四大名地代郡、太原郡、上党郡和邯郸严加防范敌军，随时准备战斗。其次，赵国联合韩、宋两国，使赵、韩、宋三国大军构成品字行，置秦、魏、楚、齐四国于多方受敌的被动局面。再次，赵国贿赂越王、楼烦王和中山国，使他们分别在楚国和燕国的大后方开展破坏活动，以此牵制楚国和燕国。最后，赵武灵王严正声明，各国军队一律不能进入赵国国境，只允许使者入境。

赵国四处都是兵士，人人持剑拿枪，弓箭上弦，五国使者知道捡不到便宜，都打消了偷袭赵国的念头。

尽管化解了五国“会葬”的危险，赵武灵王还是很担心，因为赵国仍处在征战的焦点。首先，赵国东方有强大的齐国，南方有魏国和韩国，西方有如狼似虎的秦国，北方的情况更复杂，有东胡、匈奴、林胡和楼烦。情况更为棘手的是，中山国横亘在赵国的中部，可以说是心腹之患。

曾经在魏文侯的支持下，大将乐羊灭了中山国。但是，随着社会的发展，魏国被秦国追着打，没有时间也没有能力顾及远方的中山国。借此机会，中山国又复活了。

中山国像一把锋利的匕首，直接将赵国分成南北两大部分，使偏居南方的国都邯郸不方便控制北方。因为以代郡为首的北方代表游牧文明，多是少数民族，以邯郸为代表的南方代表农耕文明，多是汉族。从南方到北方，只有一条坎坷的小路，不方便军队的兵车开进。仗着这个天然优势和善于骑马作战的本性，中山国猖獗得很。

每当中原地区发生大事，燕、齐等国就会勾结中山国，牵制或打击赵国。尽管赵肃侯精明能干，一再击败齐、魏和燕等国，还是没有解决中山国。

从战斗方式考虑，因为有中山国，赵国必须面对两种艰苦的战争。第一种是中原地区的阵地战，以兵车和战阵为主；第二种是少数民族方式的战斗，以骑兵和长矛为主。

赵国的军队主要是汉人，受到的战斗训练是中原地区的打法，很容易对付第一种战争。但是，缺乏对付第二种战斗的能力。因此，每当中山国偷袭赵国边境，赵国都感到很无力。

为了一心一意地对付中山国，赵武灵王先与其他诸侯国交好。公元前 325 年，魏王携太子嗣到赵国祝贺赵武灵王继位，韩宣惠王也领着太子前来庆贺。紧接着，赵国娶韩国宗亲之女为夫人，与韩国的关系更近了。

在内政上，赵武灵王任命赵豹为国相。同时，设置了三个博闻师和三个过错监督官，他们负责赵武灵王的言行举止。还有，凡是处理重要的朝政，赵武灵王都要先咨询肥义。

为赢得民心，凡是八十岁以上品德很好的老人，朝廷每个月都送礼物；为了激发官员的忠诚，赵武灵王提升他们的品级，增加俸禄。

更令人称道的是，赵武灵王拒绝了合纵大家公孙衍苦心倡导的“五国相王”的建议。他说:“无其实，敢处其名乎！”（司马迁《史记·赵世家》）

诸侯国国君都爱慕虚名，纷纷称王，但是赵武灵王却甘愿做“君”，因为他清楚地知道自己的目的。

与赵肃侯争霸中原诸侯国的目的不同，赵武灵王的目的是向北发展，攻占胡地。首先，争霸中原并非一朝一夕之功，需要长久的努力；其次，如果不解决心腹大患中山国，它一定会拖累赵国向中原进军的后腿；再次，尽管中山国不好打，只要敢改革，赵国一定打得赢。

拥有政治家的梦想、改革家的魄力和战略家的眼光，赵武灵王决定，在赵国进行一场空前的改革。

赵武灵王胡服骑射

赵武灵王向北方发展并不是心甘情愿，而是为情势所迫。因为赵国如果不向北方发展，就会遭受秦国的威胁。

拒绝称王的第二年，即公元前 317 年，赵国联合韩、魏一起攻打秦国。结果秦国大败三国军队，一口气杀了赵国 8 万多有生力量。第二年，秦国再次出军，一举攻取赵国的中都和西阳。

秦国咄咄逼人，如果不是燕国发生因燕王哙禅让而起的内乱，赵国会遭受更大的打击。借燕国内乱，赵国迎立正在韩国当人质的太子职，同时秦国出兵为燕国平叛，太子职成功继位。太子职继位后，燕国与韩国解除盟约关系，同赵国交好。

尽管燕国是秦国的姻亲之国，秦国还是不会放过燕国的盟友赵国。公元前 313 年，秦国再次出动大军攻打赵国。此次秦、赵大战，赵国再次大败，秦国攻陷赵国的蔺城，俘虏赵国大将赵庄。

面对这么强悍的秦国，如果赵国再不进行改革，调整战略，一定会败亡给秦国。

公元前 309 年，赵武灵王来到九门，修筑了野台，作为瞭望齐国和中山国的工事。齐国的军队与赵国的没有太大区别，而中山国军队却与二者不同。

中山国的军队主要由健壮的战马和彪悍的骑兵组成。他们的战马是北方特产的高头大马，力量很大，奔驰迅速。骑兵头戴皮帽，上身穿紧身的短衣，下身是瘦削的裤子。他们也穿铠甲，但是铠甲很轻，不累人也不累马。

跟中山国士兵的装饰搭配，他们的武器是弓箭。每当偷袭时，无数骑兵一队一队地冲向敌方战阵，马蹄踏地，声如雷响，气势十分骇人。令对方无法还击的是，他们并不冲入战阵，而是骑在飞驰的马上射箭。

中山国士兵的攻击速度迅猛，他们的飞箭所向，赵国军士无不应声而倒，有七八成人伤亡在飞箭下。紧接着，中山国士兵骑着战马会径直冲向赵军的战阵。赵军已经有十分之七八的人伤亡，根本无力抗击，能逃的被战马撞伤，不能逃的被战马踏成肉泥。

尽管中山国的胜利是小规模的，但他们的作战方式对赵国的威胁很大，因为赵军压根儿不懂这种打法。当然，吸取无数次的教训后，赵军也会用盾牌保护自己，并且用战车反击。但是，盾牌和战车都是笨重的东西，运转不灵活。中山国军队利用速度和灵活优势，团团围住赵军，飞箭又如密如蝗虫地扑向赵军。

既然敌军有速度和灵活上的优势，赵武灵王就决定取长补短，着手开展一场改革。他要求士兵穿便于骑马射箭的胡服，训练军队善于骑马射箭，一场胡服骑射的改革拉开了序幕。

从目的上来讲，赵武灵王改革为的是提升军队的战斗力，要求士兵穿胡装，训练骑射只是手段，因而是一场纯粹的军事改革。然而，赵国深受中原文化的熏陶，如果只让军队穿胡服，会引发很多非议，甚至挫败改革。

为了赢得全面的胜利，需要在全国推行穿胡服。赵武灵王第一个开展思想动员的人是胡人楼缓。

在赵国有着明显的胡汉之分。汉人自恃文化先进，瞧不起胡人。所以赵武灵王第一个开展楼缓的思想动员工作。

他说道，回想往昔，赵氏祖上何等神武，连接了漳水和滏水的天险，修筑长城防御少数民族，还夺取了蔺城和郭狼等战略要地，并且打败猖獗一时的林胡人。现在，国家遭遇内忧外患，并且屡次进犯的中山国是最大的祸患。如果连小小的中山国都对付不了，赵国的灭亡就指日可待了。究其缘由，赵国之所以会败，因为军队的战斗力不足。

最后，赵武灵王强调，“有高世之名，必有遗俗之累”（司马迁《史记·赵世家》）。意思是，想要取得高出世人的功名，必定要受到背离习俗的牵累。这话与商鞅说得很像，赵武灵王的改革气魄与商鞅也很像。

尽管赵武灵王很坚决，国内反对派的声音还是很大，他只得再次开展思想动员工作。这次动员的对象是顾命大臣肥义，如果肥义同意，改革的阻力将会大大减少。

听了赵武灵王渴望继承赵简子和赵襄子的大业，所以实施变革后，肥义支持赵武灵王的决定。他的原话是，“王既定负遗俗之无虑，殆无顾天下之议也”（司马迁《史记·赵世家》）。

于是，赵武灵王第一个穿上胡服，同时派人转告公子成，希望他也穿着胡服上朝。

公子成姓赵，名成，是赵武灵王的叔叔。赵武灵王没做公子成的思想工作，因为觉得自己人会帮自己人。殊不知，改革的最大阻力就是以公子成为代表的宗室势力。

听了使者一番改革动员的话后，公子成不但自称有病，不能穿着胡服上朝，还说：“中国者，盖聪明徇智之所居也，万物财用之所聚也，圣贤之所。”

公子成摆出一副天国上朝的大姿态，赵武灵王不得不登门拜访，亲自做说服工作。赵武灵王还是强调，“圣人果可以利其国，不一其用；果可以便其事，不同其礼”。

经过一番发人深省的开导，又考虑到国家屡次遭受中山国的侵犯，公子成终于放下大架子和高姿态，抛弃俗见，穿着胡服上朝。

重要人物都同意变革，并且穿上胡服作为表率，赵武灵王即可颁布变革法令。一场以改变着装为主要形式的变革在赵国轰轰烈烈地展开了。

赵武灵王说，“圣人观乡而顺宜，因事而制礼，所以利其民而厚其国也”。商鞅也说过，“苟可以利民，不循其礼”。商鞅曾说，“治世不一道，便国不法古”；赵武灵王也说，“圣人果可以利其国，不一其用；果可以便其事，不同其礼”。由此可见，赵武灵王与商鞅之间有着某种相似。

深入敌后的国君

改革的诏令刚刚下发，以赵文、赵造和赵俊等为首的宗族势力又跳出来反对。同往常一样，赵武灵王还是向反对派开展思想工作，而不是动用武力。在“随时制法，因事制礼”这一改革思想的灌输下，赵文、赵造和赵俊等纷纷弃械投降，支持变革。

经过几年的变革，赵国训练出了专门对付北兵的军队，军事实力大大提升，能够与中山国正面交锋。这些年，赵武灵王不忘打小规模的局部战争，既能训练军队，又能削弱中山国。

公元前 307 年，赵国攻占中山国的房子（今河北高邑西）地区。第二年，接着向西挺进，攻陷中山国的宁葭（今河北石家庄西北）和北人的榆中地区。代郡的郡守赵固兼管榆林，并且招募北地的青壮年进入军队。

大火已经烧到眉毛了，林胡王很害怕，马上献上胡马这种林胡地区的特产。胡马生长在自然环境恶劣的地区，但体大腿长且强健，很适合做战马。

同时，赵武灵王派出五大使臣，结交周边其他诸侯国。楼缓出使秦国，仇液出使韩国，王贲出使楚国，富丁出使魏国，赵爵出使齐国。

经过两年多的精心准备，赵国既增强了自己的战斗力，又打消了其他诸侯国横加干预它进攻中山国的企图。更为重要的是，赵武灵王秘密派遣以李疵为首的使者暗中调查中山国的一举一动。李疵告诉赵武灵王，如果要进攻中山国，就必须抓紧时间，否则其他国家会先下手。

原来，中山国国君很喜爱中原文化，从民间提拔了 70 多个书呆子，让他们教育百姓。如果中山国接受中原文化，就要放弃他们擅长的骑射。如此一来，中山国就会变得不堪一击。

听到这个大好消息，赵武灵王很兴奋，立刻调动大军征讨中山国，这一年是公元前 305 年。

征讨大军兵分三路，赵袑带领右军，许钧带领左军，公子章带领中军，但全都由赵武灵王统率。公子章是赵武灵王的大儿子，身为太子，作战勇敢，屡立奇功，赵武灵王很器重，每次出战都带在身边。

中央大军刚刚出发，牛翦和赵希就调动代郡的骑兵，指挥战车，浩浩荡荡地开动。中央军和地方军在曲阳（今河北曲阳西北）会师，一鼓攻陷丹丘（今河北定县）、华阳（今河北唐县西北）和鸱上（今河北定县）的要塞。

中山国学到的是中原文化的糟粕，没能发挥本有的优势，不堪一击。紧接着，鄗城、石邑、封龙和东垣相继被赵军攻陷。中山国王想尽快结束战争，于是献出四座城池，请求赵国撤军，赵武灵王接纳。

公元前 304 年，赵武灵王调整进攻方向，出军榆中地区，北上攻取黄河上游的河宗氏和休溷诸貉一带，设置了九原郡和云中郡。

九原和云中就在秦国的北面，所以赵国的领土已经和秦国接壤了。因此，柏杨说：“如果他（赵武灵王）能够再活二十年，秦国可能受到严重威胁，历史又如何发展，难以预料。”这话是有根据的。

但是，就在公元前 304 年，赵武灵王深爱的惠后去世。赵武灵王答应惠后，让她生的小儿子赵何当太子，并且派大将赵袑辅助赵何。

休息不到一年，公元前 303 年，赵武灵王向中山国发起第二波攻击。此次进攻，赵国军队抵死往北打，一直打到燕国边境。如此一来，此次攻占的土地就能与云中、九原连成一片，赵国北方的势力大大增强。

公元前 299 年五月，这是影响赵国历史进程的大日子。就在这一个月，赵武灵王在东宫召开盛大的朝会，宣布传位给太子赵何，他退居幕后，自称主父，一心研究军事。

拜祭祖庙后，赵何坐上国君的宝座，人称赵惠文王。其他大夫的官职不变，连他哥哥赵章的也没变，只有很忠义的肥义被擢升为国相，并且还担任赵章的老师。

为了惠后，赵武灵王无缘无故地废除赵章的太子之位，已经为国家的发展埋下隐患。不仅如此，赵武灵王又提前让位给年幼的赵何，腾出时间一心研究军事，又一次埋下威胁赵国长久发展的隐患。

那时的赵武灵王将全部精力放在对外战略上，没留心国内的局势，也没注意赵章与赵何的微妙关系。

光是一个中山国，打了七八年，还没灭亡，已经非常艰难了。谁知，赵武灵王突然雄心大起，想连秦国也给灭了。

传位给赵何后，赵武灵王带领士大夫们巡视胡地，想从云中、九原出军，向南偷袭秦国。但是，秦国太强大了，赵武灵王不敢贸然出军，他想先到秦国探查一番。

《史记》记载，赵武灵王乔装入秦，“秦昭襄王不知，已而怪其状甚伟，非人臣之度，使人逐之，而主父驰已脱关矣”。

这话的意思是，无论如何装扮，赵武灵王都不像人臣。他有一种伟岸的像国君的风度，秦昭襄王很奇怪。

原来，赵武灵王不仅想看秦国的地形地势，更想看看秦昭襄王这个人。他认为，只要看到秦昭襄王，就能了解秦昭襄王。一旦了解秦昭襄王，就有对付秦国的办法。

当秦昭襄王发现那个风度非凡的人是赵武灵王后，很惊恐!

刚从秦国回来，赵武灵王顺道巡视新占领的土地。由代郡向西，赵武灵王在西河遇上楼烦王。楼烦王很识相，主动归附了赵国。

第二年，也就是公元前296年，赵武灵王向中山国发动第三波攻击。在赵国历时十一年的打击下，中山国终于承受不住，归附赵国。

历史上有两个中山国，第一个被乐羊所灭，第二个被赵武灵王所灭，可见赵武灵王是一位拥有军事谋略的君主。

饿死赵武灵王

中山国被灭亡后，赵武灵王人生的一大愿望就实现了。他很高兴，大赦天下，封赏有功之人。赵章被封为安阳君，封地是代郡。

代郡拥有赵国的大部分军事力量，是一块难以管理的地方。使情况更为恶化的是，赵武灵王竟然让奸诈的田不礼辅助赵章。

《史记》记载，“章素侈，心不服其弟所立”。再加上田不礼的煽风点火，赵章更觉得王位应该是他的。

作为长子，赵章理应继承王位，但是王位被赵何夺去了，他自己心里不服。赵武灵王又糊里糊涂地分封驻扎重兵的代郡给赵章，赵章又是久经沙场的将军，不禁就想起兵造反。

赵章的母亲来自韩国的王室家族，是赵武灵王的原配夫人。因此，赵武灵王的第一次婚姻，是出于政治利益考虑，感情的因素不大。

过了些年，赵章出世。按照惯例，他就是太子。但是，赵武灵王一个荒唐的梦，将整个家庭给彻底毁灭了。

公元前310年，在一次外出途中，赵武灵王做了一个美梦。他梦见一位妙龄少女，袅袅娜娜地抚琴而歌：“美人荧荧兮，颜若茗之荣。命乎命乎，曾无我嬴！”

这位少女太美了，所唱文辞又凄婉动人，令一身英雄气的赵武灵王久久不能忘怀。第二天，赵武灵王就将这个梦说给大夫们听。

大臣吴广抓住这个大好机会，向赵武灵王推荐他的女儿吴娃。更令人感到奇怪的是，赵武灵王见了吴娃后，一口认定吴娃就是他的梦中情人。

事情就这样顺理成章地发展，吴娃深受赵武灵王宠幸，生了赵何。

赵武灵王只见新人笑，不闻旧人哭，赵章的老母亲伤心过度，郁郁而终。紧接着，吴娃被封为后，子因母贵，赵何就受到赵武灵王的宠爱，并且被立为太子，最终继承大统。

到代郡上任后，赵章与田不礼的动作幅度太大了，很多人都看出其中的阴谋。

为了好朋友的生命安危，李兑劝肥义让出国相的大权，将它交给公子成。李兑的意思是，肥义“任重而势大，乱之所始，祸之所集”(司马迁《史记·赵世家》)，应该明哲保身。

但是，肥义不同意。他认为，正因为身当大事，反而应该坚持到底，即使付出生命也在所不惜，而不是见异思迁。肥义曾言：“死者复生，生者不愧。”这话的意思是，如果死去的人复活了，继续生存下来的人不会在面对复活的人时，感到一丝一毫的羞愧。这几句话，将肥义持节守终的坚定表现得淋漓尽致。李兑无话可说，痛哭流涕而去。

为防范田不礼作乱，自此而后，李兑多次拜访公子成。

肥义也是能够洞察细微的人，他告诉信期，赵章和田不礼很奸诈，居心叵测。为了满足他们的私心，甚至不惜假传赵武灵王的诏令。从今以后，无论是谁传召赵何去见赵武灵王，都要先获得他的同意。

公元前 295 年，群臣都来邯郸朝拜。赵武灵王见一身英武的赵章给年纪轻轻的赵何行大礼时，心里很不是滋味。当此痛苦的情境，赵武灵王又突发奇想，想将赵国一分为二，赵章统治一半，赵何统治另一半。

既然赵武灵王开始偏心，赵章就抓住大好时机，蓄谋发动兵变。恰好赵武灵王巡游到沙丘，赵章就诈传赵武灵王的命令，召赵何入沙丘宫。

为了赵何的安危，肥义先去，如果一切正常，再让赵何去。但是，肥义此行，实践了他“死者复生，生者不愧”的价值观。

肥义被田不礼一党杀害后，李兑和公子成调集中央大军和附近 4 个城邑的军队，火速开往沙丘。

大军一到，对付反叛势力就如摧枯拉朽，田不礼被乱刀砍死，赵章逃亡。公子成诛杀叛军有功，被封为安平君，接手肥义的工作，李兑被任命为司寇。

军队被剿灭了，赵章慌不择路，只身跑向沙丘宫。同时，赵武灵王也收留了赵章。

公子成和李兑带领军队来到，派军队团团围住沙丘宫。不管过程如何，反正赵章没有逃出去，最终死在沙丘宫。当然，《史记》和《战国策》都没有记载，赵章是怎么死的。

虽然罪魁赵章死了，事情还没有结束。因为，公子成和李兑围困了赵武灵王一段时间。他们两个商议，如果撤军，赵武灵王自由后，一定会惩罚他们，甚至灭他们的族。

宁可他们负赵武灵王，也不可赵武灵王负他们。主意打定后，公子成和李兑下令：凡是住在宫里的人，最后出来的将要被灭族。

结果可想而知，宫里的仆人全部出来了，只剩赵武灵王一人。不是赵武灵王不想出来，而是公子成和李兑不让他出来。

经过三个多月的围困，赵武灵王已经没有食物充饥，最终饿死。

李兑和公子成平常受到赵武灵王的尊敬，他们也很效忠赵武灵王。但是，一到关键时刻，尤其是涉及切身利益，李兑和公子成把心一横，不惜饿死赵武灵王。就此一事，可见王族的血腥相残是多么可怕的事情。

清代人吴存礼有感于赵武灵王的遭遇，写了一首诗，是追忆赵武灵王的代表作。

闲来凭吊数春秋，阅尽沧桑土一抔。
本藉兵争百战得，却同瓦解片时休。
祖龙霸业车中恨，主父雄心宫里愁。
唯有朦胧沙上月，至今犹自照荒丘。

第九章

美玉之祸，引发秦赵间的角力

完璧归赵

蔺相如（约公元前 329—前 259 年），今山西柳林孟门人，也有记载称他是山西古县蔺子坪人。他曾是赵国宦官缪贤的家臣，因为在缪贤准备逃去燕国时，对缪贤进行过合情合理的劝诫，遂甚得缪贤的信任。缪贤对其才华亦是十分的欣赏。

赵王在听到缪贤的举贤之后，大喜过望，当即便命人前去缪贤府上，通传蔺相如前来晋见。一见面，赵王上下打量一番蔺相如后，便迫不及待地向他问道：“寡人收到秦王的来信，秦王在信中说，用 15 座城请求交换本王的和氏璧，你认为能不能给他？”蔺相如在来时就已经想好了这个问题的关键，遂胸有成竹地说道：“秦国强，赵国弱，没有办法，只能答应他。”赵王听闻蔺相如的说辞，并没有失望，而是将自己的担忧说了出来：“世人皆知道秦王贪婪，本王料想，秦王得了和氏璧，是断断不会给本王城邑的，本王又该怎么办呢？”

蔺相如自然知道赵王的忧虑，也知道当前秦国和赵国的形势是秦强赵弱，但是他更明白，秦国此举是一石二鸟之计，秦王请求用城换璧，赵国如不答应，则赵国理亏，秦国就有了攻击赵国的理由；反之，如果赵国给了秦国和氏璧，而秦国不给赵国城邑，则是秦国理亏。将两种对策以衡量，便有了定议：宁可答应秦国的请求，也不要让自己在政治上处于被动地位。

赵王心中大喜，一方面他看到了蔺相如果然有才能，另一方面则是因为他通过蔺相如的分析，看到了此事的关键：献出和氏璧，谋取政治上的主动。他料定秦王决计不会将15座城池给予赵国，只要取得了主动，到时说不定还能够保全和氏璧。

然而，再完美的计划，也需要懂得权衡的人去执行，赵王心中其实已经认可了蔺相如，只是赵王毕竟不是很了解他，遂向他试探性地问道："只是这出使秦国的使者，应该派遣谁去才合适呢？"聪明的蔺相如，自然明白赵王的心思，他知道展示自己忠心和决心的时刻到了，遂大胆地向赵王说道："大王如果急切地需要一个使者，而都城之中一时之间又确实无人可派，臣不才，愿捧护和氏璧前往秦国出使。在此，臣向大王保证：如果秦国将城池给予赵国，履行承诺，则臣顺势就把和氏璧留给秦国；但是，如果秦国虚以逶迤，意在和氏璧，而不履行承诺，则臣势必将和氏璧完好无损地带回赵国。"闻言，赵王心怀大畅，遂命令蔺相如为使者，代表赵国，西行入秦。

数十日之后，蔺相如便到达秦国境内，为了防止沿途出现变故，保全好和氏璧，蔺相如想尽了办法，一刻也没有松懈。然而，他知道他与和氏璧安全到达秦国，也不过是走过了第一步难关，更大的风浪还在后面。

果然到达咸阳之后，秦国国君便急不可耐地将蔺相如传到章台宫晋见。秦王看到蔺相如后，并没有为这个陌生的面孔而诧异，因为他的全部心思，都放到了和氏璧上，在一番寒暄之后，秦昭襄王连忙要求，让蔺相如献上和氏璧观看。

久负盛名的和氏璧，终于在蔺相如的“小心呵护”下，到了秦昭襄王的手中，秦昭襄王为了和氏璧可谓费尽心机，宝物在手，秦昭襄王笑逐颜开。此时此刻，秦国王宫之内，一片欢呼。秦王高兴之余，将和氏璧传给大臣们一一鉴赏，大臣们一饱眼福之后，又将其传给秦昭襄王的妃子看，只留下蔺相如一个人，在那里干等着。许久之后，蔺相如知道，秦王并没有以 15 座城池换取和氏璧的诚意。

只是此刻和氏璧在秦王手中，蔺相如既拿不回，也要不到秦王许诺的城池。但蔺相如是个坚毅且有智谋之人，他知道唯有不动声色，才能够寻求转机，否则不仅和氏璧会保不住，城池也得不到，就连自己的性命也难免会受到威胁，赵国和秦国的关系也会再次崩坏到战争的边缘。

于是，蔺相如心生一计，他走上前去对秦王说道：“启禀大王，和氏璧并不是完美无瑕的，上面还有一处瑕疵，请允许臣下为大王指证。”

秦王其实心中也在想，该怎么夺取和氏璧，而又不需要履行先前的承诺。正在徐图拖延之时，蔺相如突然说玉璧之上有瑕疵，不及多想，便将和氏璧交到了蔺相如手中。

蔺相如手捧着和氏璧，向后退了几步，直到退到殿中柱子处，背靠着柱子，义正词严地对秦王说道：“大王想要得到和氏璧，派人马不停蹄地将信送到赵国，交到赵王手中。赵王一时之间，难以决断，遂召集文武百官一起商议，是否应该将和氏璧献给秦国，换取秦王所许诺的那15座城池。然而朝中大臣都说道：‘众所周知，秦国本性贪婪，依仗它军事力量的强大，不把赵国放在眼中，为了诈取和氏璧，可谓无所不用其极，竟然连空话和谎言都用上了，因而那用于交换的城池，也定然难以兑现。’赵国境内，上至君王，下到百姓，都能够洞悉秦王的心思，因此我赵国举国上下，都赞成不给秦国和氏璧。但是我认为，纵使是平民之间的交流和往来，都能做到言而有信，何况是秦、赵这两个一东一西的大国之间的交往呢！一块和氏璧，只不过是玩物，如果因为它而惹得强大的秦国不高兴，不是因小失大吗？在我的力劝之下，赵国终于决意答应秦王的要求。赵王为了此事，还斋戒了五天，派我捧着和氏璧，在朝堂上行过叩拜大礼，亲自拜送国书。大王以为，这是为何？难道是彰显我赵国是礼仪之邦吗？我赵国之所以如此，是为了尊重秦国，表示对秦王的敬意。如今我幸不辱命，一路辛苦跋涉，将和氏璧带到这里，却看不到秦国和秦王的半点礼仪。一者，大王接见大国使者，将其放在一般的宫殿，不免显得礼节怠慢；二者，大王得到璧之后，又将其传给大臣和妃嫔们看，大臣倒罢了，都是知书达理之人，可是后宫嫔妃是何等样人，大王是知道的，此举难道不是在戏弄我吗？依照愚见，恐怕大王是无意补偿给赵国15座城，想要空手套白狼，对和氏璧巧取豪夺吧？无奈之下，我只能把和氏璧取回来，如果大王一定要逼迫我，我的头现在就与和氏璧一起撞碎在柱子上，誓死保全赵国的尊严！”

秦王闻言，心中一惊，依然存在侥幸心理，以为蔺相如可能是恐吓之言，做不得真。哪知蔺相如竟然真的拿着和氏璧，斜视着柱子，眼看就要撞了上去。蔺相如一死，死不足惜，但是和氏璧可是传了数百年的重宝，秦王花费了好大的心思才将其骗到赵国，万万不能叫蔺相如一怒之下，玉石俱焚。

于是，秦王立马向蔺相如妥协，一面向蔺相如道歉不止，言说是因为自己考虑失当，才让蔺相如受到怠慢；另一面，则将负责国土查核的官吏宣来，并会同文武百官，一起察看地图。秦王还不时地在地图上指点一二，意思是打算将地图所示的15座城划归赵国。其实这是对蔺相如施以缓兵之计，意图先稳定蔺相如，再徐图谋取和氏璧。

蔺相如也非等闲之辈，自然明白秦王的用意。但他也并不想和氏璧有丝毫的损坏，之前他的言辞行动，不过是为了彰显自己的决心，也是缓兵之计，既然秦王已经上钩，蔺相如也索性将计就计，顺水推舟地说道："和氏璧为绝世重宝，这是世所共知的事情，赵王出于对大王的敬意，毫不犹豫地就将和氏璧献了出来，并且在和氏璧即将离开赵国之前，赵王还斋戒了五天。所谓'来而不往非礼也'，赵王都这样做了，足见赵国的诚意，现在秦国是否也应该表示一下？秦王也斋戒五天，并在朝堂上安设'九宾'的礼节，这样，才能够符合赵、秦两国的身份，我也才敢献和氏璧于大王。"

听闻蔺相如的一番言辞，秦王知道蔺相如是个足智多谋的人，想要巧取豪夺和氏璧是不可能的。别无他法，秦王只能暂时答应蔺相如斋戒五天。蔺相如遂被秦王安置在咸阳城的广成宾馆里。蔺相如到了广成宾馆，并没有闲着，反而更加迅速地行动起来，企图保全和氏璧。他知道，秦王所谓的斋戒，也不过是托词而已，要得到他所许诺的城池，可谓难比登天。为今之计，只有一面稳住秦王，一面将和氏璧悄悄送回赵国，到时木已成舟，自己再想办法脱身。

翌日，蔺相如让忠心于赵国的随从亲信，换上粗布衣服，怀揣和氏璧，从小道溜走，把它送回赵王手中。

秦王斋戒五天之后，按照蔺相如的要求，在朝堂上设了“九宾”的礼仪，宴请蔺相如参加。这一次，秦王已经下定决心，无论如何，也要夺取和氏璧，哪怕背负不义的名声，也不能让自己“得入宝山、空手而归”。岂料蔺相如虽然没有爽约，却并没有将和氏璧献上，只听蔺相如对秦王说道：“历史可鉴，秦国自从秦穆公以来，已经经历了20多个国君，何曾有人听说，有一个国君是坚守信约的？没有！我蔺相如不过是赵国官吏手下的一个门客，却得到赵王的信任，担当护送和氏璧、出使秦国的重任。死尚且不惧怕，唯独害怕受大王蒙骗，而有负赵王的重托。无奈之下，我只能出此下策，将和氏璧秘密送回赵国，相信此时它已经到达赵国国君的手中了。当今天下，秦国强而赵国弱，大王如果有诚意，大可以派一个小小的使臣到赵国，将15座城池交给赵国，赵国定然不敢违逆大王的意思，将和氏璧如约送上。试想依照秦国的强大，天下还有敌手吗？赵国又怎么敢留着璧而得罪大王，成为秦国的敌人呢？然而欺君之罪，万死难辞其咎，我感到无颜以对秦王，请求受汤镬之刑。大王英明、公卿贤达，还希望你们仔细思考，以决定此事的处理方法。”

秦王和大臣们闻言，顿时面面相觑，有的大臣甚至还发出惊异的呼声，如此戏弄秦王，不是不将秦国放在眼里吗？必须严惩，以儆效尤。但秦国上下，明智之人大有人在，这之中，还包括秦国的君王。

事已至此，秦王无论怎么奸猾，也难以重新夺得和氏璧，环顾朝中大臣，秦王叹了一声，说道：“蔺相如说的，也不无道理，现在杀了蔺相如，只能出得一时之气，和氏璧还是得不到，失去和氏璧不说，还会断绝秦、赵两国的‘友好’邦交，甚至会导致战争，此乃不明智的行为。”其实，秦王何曾会惧怕战争呢？他害怕的是，秦国理亏，对战事有损。而且他知道，就在蔺相如的随从返回赵国之时，赵国老将廉颇已经率领数万大军，驻守在赵国的边境上，厉兵秣马，枕戈待旦，防备秦国的入侵。

秦王见大臣们已经安静下来，遂建议道：“蔺相如既然是赵国的使节，我国理应好好地招待他，并送他回去赵国，以免落人口实。料想赵王不是迂腐之人，赵国也没有那么强大，会为了和氏璧而欺骗我大秦。”

至此，和氏璧之事终于告一段落，秦王还将接见蔺相如的地方转到了正殿，以示对赵国的尊重。蔺相如圆满地完成了出使秦国的重任，戴着满身的荣誉回到赵国。一时之间，蔺相如之名，传诵在每一个赵国子民的口耳之间。

赵王感念蔺相如的功劳和才德，遂任命他做上大夫。此后秦国没有给赵国城池，赵国也没有把和氏璧给秦国。

对于此事，司马迁在《史记》中赞道：“知死必勇，非死者难也，处死者难。方蔺相如引璧睨柱，及叱秦王左右，势不过诛，然士或怯懦而不敢发。相如一奋其气，威信敌国。”蔺相如能够找准时机，在赵国危亡之际，挽狂澜于既倒，扶大厦于将倾，可谓智；在大殿之上，敢于玉石俱焚，置之死地而后生，可谓勇；对于赵国的重托，时刻不敢忘，可谓忠；遣返和氏璧之时，让随从带着和氏璧先行离去，可谓义。因此可以说蔺相如实乃智勇双全、忠义无双之人。

不甘寂寞的楚顷襄王

蔺相如虽然已经安全回到赵国，却没有任何要献上和氏璧的迹象。秦王知道，如今要获取和氏璧，只有两种办法：按照许诺给赵国 15 座城池或是巧取豪夺。

给赵国 15 座城池与其交换，这样虽然能够保住秦国守信重诺的名声，却与秦国一贯的大政方针相背离。

而依仗强势巧取豪夺虽然不成问题，只是眼下赵国防备严密，而且列国都在关注着和氏璧的事情，不能因小失大。于是，秦昭襄王决定，待得风声过后，秦国再发兵赵国，给赵国一次重拳出击。

这一天，让秦昭襄王等了足足一年时间。周赧王三十三年，即公元前 282 年，和氏璧的风波终于平静，秦国亦在这段时间内，不断整军备战，军力得到了较大的提升，而且其在连横的策略中大受其益。经历数次战争后，齐国正在遭受着毁灭性的打击，秦国进而将战略目光转向了东方另一个相对强大的国家——楚国。而在此之前，秦王还需要试探一下赵国的实力。

于是，秦昭襄王命令军队攻击并迅速占领赵国西部的两座城池。第二年，为了扩大战果，秦王再次出兵，进攻赵国的石城（今河南林县）。

此一战，秦军出动了10万大军，可谓志在必得，赵军守将一见秦军军容整齐，声势浩大，顿时吓得魂不守舍。无奈之下，守将趁着秦军兵临城下，尚未攻城之际，悄悄地从东面城门逃走，只留下一些副将，奉命守卫石城。然而，守城大将都已经离去，赵军顿时军心大乱，数万将士无心恋战，秦军几乎兵不血刃，便取下了石城。

眼看秦军长驱直入，如入无人之境，兵锋所指竟然是赵国的都城邯郸。赵王知道，秦军这次进攻不在和氏璧，甚至不在一城一地，而在于整个赵国乃至于整个天下。

面对着从西方秦国到来的虎狼之师，再看看连日来赵国在秦国名将白起的攻伐下，兵败如山倒的势头，赵王不禁忧心忡忡。无奈之下，赵惠文王只能希图用和氏璧换取赵国暂时的和平。可是他也知道，这不过是权宜之计，能够奏效的几率，可以说是微乎其微。

这时一个挽救赵国的名将，与白起并称当世第一的廉颇将军站了出来。

廉颇，生于约公元前327年，卒于公元前243年，是战国时期赵国杰出的军事家，与秦国白起、王翦，赵国后期的李牧并称“战国四大名将”。先后活动于赵惠文王（公元前298~前266年）、赵孝成王（公元前266~前245年）、赵悼襄王（公元前245~前236年）三个时期。

廉颇于赵惠文王初期，在赵国从军，作战勇敢，深得赵军将士的尊重。当时东方列国之中，以齐国最为强盛，它是唯一可以与西方强国秦国一比高低的诸侯国。赵国在经历数代国王的苦心经营之后，也逐渐强盛起来，但是和秦国和齐国两个国家相比，赵国要弱小的多。

战国七雄当中，秦国居于西北“苦寒之地”，一直谋求夺取中原，问鼎天下。只可惜赵国正挡在了秦国西出函谷关的道路上，要实现向中原大地的进军，秦国势必要首先拔除赵国这一颗眼中钉、肉中刺。

然而据当时实际情形而言，任何一个国家要灭亡别的国家，皆非易事。一方面因为战国七雄既然能够从春秋列强中脱颖而出，都有一定的军事实力；另一方面则因当时合纵、连横战略正在广泛的流行中，只要一个国家遭到彻底的打击，其他国家就很有可能会插手，除非有绝对的实力，否则“双拳难敌四手”，灭国不成，反而会给自己的国家招致祸患。

此时，挽救赵国，抵御强秦的，就是战国名将廉颇。在廉颇的率领下，赵军屡次大败秦军，迫使秦军改变战略，实施合纵之策。也正因为如此，苏秦、张仪等人得以一展才华，大放异彩。在秦国的努力下，最终实现了韩、燕、魏、赵、秦五国联合，共同率领大军讨伐齐国，齐国就此一蹶不振。此时，廉颇正值壮年，其非凡的作战能力在这个时候充分地表现出来。廉颇于赵惠文王十六年（公元前 283 年）带赵军伐齐，不避兵家之大忌，率领数万雄师，孤军深入齐国境内，以迅雷不及掩耳之势，攻取阳晋（今山东郸城西，本为魏国领地，后属齐）。一时之间，天下良将为之击节赞叹，天下诸侯为赵国得此良将而震动。经此一役，赵国成为了东方首屈一指的大国。待得廉颇班师回朝，赵国上下，无不欢欣鼓舞，赵惠文王顺势将其拜为上卿（当时最高级的文官）。秦国也在这一场战役之中，见识了廉颇的厉害，所以从此不敢贸然对赵国用兵。

面对秦军的又一次挑衅，赵王认为倘若一味软弱退缩，已无法对付日益强大的秦国。于是，他决定让廉颇再次挂帅出征，抵挡秦军的进攻。廉颇也在战前做了充分的准备，拥有必胜的决心和勇气。

赵国此时虽然是东方强国，但比起南扼巴蜀、西控戎狄、北定匈奴、东掌韩国的强秦而言，实力却是明显不足。但廉颇知道，明知不可为而为之，才是大丈夫的行径，更何况，廉颇治军一向严谨，军威之胜、天下可与之匹敌者，屈指可数。

但无论廉颇如何的英勇善战、无论赵军如何的奋勇杀敌，都无法抵挡秦军的强弓硬弩、勇兵悍将。廉颇到了战场，还顾不得察看地形，就陷入了与秦军的胶着状态中，秦军以逸待劳，自然是占尽了优势。战争初始，廉颇还率领军队，在城外与敌军鏖战，但是几番大战下来，赵军连连损兵折将，军力和士气都受到极大打击，无奈之下廉颇只能从城池中撤出，因为他知道，长平之地才是决胜秦赵强弱的关键所在。与其和秦军在此地鏖战不止，损兵折将，还不如到长平休养生息，厉兵秣马，谋取与秦军的决战。

秦军亦看到了这一点，遂在猛攻城池的同时，也率领军队追赶廉颇。廉颇虽然在初战中溃不成军，损失了两万人马，丧失了数座城池。但那并没有影响他做出正确的决策，就连白起看到廉颇返回长平，也只能徒呼：为之奈何？

当时秦国的形势也不容乐观：一方面，白起继续和赵军交战，占领了光狼城之后，廉颇退到长平，秦、赵形成对峙；另一方面，秦国、韩国与魏国三家的洛阳会盟，亦宣告瓦解，特别是秦军连日东征，兵锋所指，让其他诸侯国不寒而栗。此外，楚国也开始了一系列针对秦国的行动。

周赧王三十三年（公元前282年），秦军在攻克赵国石城之后，楚国的顷襄王便着手准备与齐国、韩国联合，以抵御秦国的强大军队。而在此之前，楚顷襄王还希望能够顺道灭了周王室。其实，到了这个时候，各诸侯国已是各自为政，周王室的存在不过是一个符号，具备的也只有一个象征意义。那么，楚顷襄王为何还对周王室念念不忘、徐图攻取呢？难道他仅仅是为了争夺周王室的弹丸之地？抑或是楚国想来个挟天子以令诸侯？

其实，楚王的心思很简单，他不过是为了九鼎。

何为九鼎？传说，大禹在建国之后，用天下九牧所贡之金铸成九鼎，象征九州。商代时进一步发展，将鼎变成一种地位和身份的象征，九鼎八簋制度就此建立，其中规定：士用一鼎或三鼎，大夫用五鼎，而王室天子则九鼎，并在祭祀天地祖先时行九鼎大礼。自此，鼎很自然地成为国家拥有政权的象征，进而成为国家传国宝器。九鼎也成为天子的象征。

楚王之意，可谓“司马昭之心路人皆知”，他是要夺取天下。

周王室衰微之后，许多人都觊觎过九鼎。比如周定王时，楚庄王便借楚国强盛，而“问鼎之轻重”，被周大夫王孙满驳回。后楚灵王一度也动心问鼎，因国内发生叛乱未果。此次楚顷襄王再次出击，不知结果如何。

周赧王在得知楚国即将对周王室用兵的消息后，急忙向楚国丞相昭子言道：“周王室不过是弹丸之地，但天下诸侯少有不觊觎这块地方的，他们都希望得到九鼎，以称霸天下。当今秦国强大，意欲一统天下，楚国虽弱小也想逐鹿中原，这是天下人有目共睹的事情。楚国要猎取九鼎，无异于是在秦国的虎口上拔牙，秦军难道会坐视不理？”

周赧王一席话，可谓一语惊醒梦中人，楚顷襄王顿时不敢妄自对九鼎生出别样心思，连着与齐国、韩国的会盟，也宣告夭折。

其实，就算楚国不动九鼎的心思，秦国还是会挥师东进。

周赧王三十五年（公元前 280 年），秦军发起了对楚国的战争，并以司马错为大将，从陇西出发，经由蜀中郡县，直取黔中。为了避免与楚国和赵国的两线作战，秦国昭襄王遂决议和赵国暂时罢兵言和。

国君的必修课：音乐

周赧王三十六年（公元前279年），秦王派使者到赵国约赵王在西河外的渑池（今河南渑池县境内）相会，商议两国的修好事宜。

渑池相会之事令赵惠文王分外担心，因为昔日楚怀王之事，犹历历在目。前人之事，后人之师，秦国历来是一个不讲信义的国家，赵王担心此次若去赴约，也会被秦国扣留，重蹈楚怀王的覆辙，落得个客死异乡的下场。因此，赵惠文王不得不慎重地考虑此事。

其实，赵王的担心是多余的。一来，秦国此时是主动言和，断然不会在渑池之会上妄动刀兵，招致赵国的嫉恨；二来，赵国只要做好准备，军事上加强防御，政治上加强统战，赵国就处于有备无患的境地。以上两点便可让秦国不敢妄自动兵。

很多朝中的文武百官也看清了这一点，遂有人向赵王进言道："秦王约您相会渑池，大王去，则可保国威不失；大王不去，就显得赵国弱小而胆怯。还是去好。"蔺相如也请命于赵王，请求与他一同相会秦王。此时的赵国，文有蔺相如，武有廉颇，文武众臣皆建议赵王前行，赵王自然不好再犹豫。

等到赵王和蔺相如走到赵国边境，赵王又担心起来：如果秦军趁机进攻赵国，而赵国又群龙无首，如何是好？

廉颇早就想好了这一节，遂向赵王进言道："此次大王去渑池，据臣下估计，路上来回的行程，加上渑池会议的时间，前后不会超过 30 天。若大王 30 天后仍未返回，还请允许臣等立太子为王，以断绝秦国扣留大王要挟赵国的念头，也避免赵国因群龙无首而生乱事的危险。"

赵王听闻，深感有理，所以他命令廉颇做好准备，主持好赵国的军事，防止秦军的攻击。于是，廉颇就此驻守在赵国边境，同时命令赵国其他地方的军队，迅速来援，共同守卫赵国的门户。

除此以外，廉颇还建议，派遣数千士兵随行，同时派遣军队在渑池三十里之外驻扎，以防赵王遭遇不测。然而究竟派遣何人率领那数千士兵，成了一个难题。这时候，惠文王之弟，"战国四公子"之一的平原君赵胜提出，可以选取赵奢为将领。

赵奢何许人也，何以能够得到赵胜的赏识？

赵奢，赵国人，与赵王室同宗，是当时的贵族。其乃战国时期东方六国的八名将之一。

历史对于赵奢早年的生活记载不详，其中《战国策·赵策》载："奢尝抵罪居燕，燕以奢为上谷（是燕郡，治所在今河北怀来，辖今张家口以东，昌平以北）守，燕之通谷要塞，奢习知之。"由此而观之，赵武灵王进行胡服骑射的改革之时，赵奢很有可能参与其中。在惠文王四年（公元前 295 年），赵国发生"沙丘之乱"，使得赵成、李兑专权。赵奢身为赵武灵王近臣，为了避免受到赵成等人的迫害，他被迫亡命燕国，得到燕王信任，被任命为郡守。赵惠文王十二年（公元前 287 年），李兑失势，赵奢心念故土，就此回到赵国。

赵奢回国做田部吏（征收田赋的小官）时与平原君赵胜结缘。

赵奢为官，大公无私且不畏权贵。当时平原君是赵国之柱石，权倾朝野，但是其家中却有人不奉公守法，偷逃国家税款。为了展现法律的公正性，扫清收税的障碍，赵奢当机立断，杀平原君家主事者九人。一时之间，赵奢成为当时赵国境内鼎鼎大名的人物。

虽然平原君素有贤德之名，但是赵奢所杀之人，却是自己家族的亲人，这不禁让平原君赵胜动了杀机，赵奢见此，便对平原君说道："君于赵为贵公子，今纵君家而不奉公则法削，法削则国弱，国弱则诸侯加兵，是无赵也，君安得有此富乎？以君之贤，奉公如法则上下平，上下平则国强，国强则赵固，而君为贵戚，岂轻于天下邪？"(《史记 · 廉颇蔺相如列传》)

平原君闻言，不仅没有继续发怒，还对赵奢赏识有加，并借机向赵王举荐赵奢。当时赵国正值用人之际，赵王听从了平原君的举荐，任命赵奢为中军大夫，领数千精兵随同赵王、蔺相如等人，共同赴渑池之约。

及至渑池，秦王作为本次秦、赵两国君王相会的东道主，自然是热情非凡，特别是赵王初到时，秦王还以国礼接待他，这让赵王不禁在心里泛起嘀咕，不知秦王是何用意。

蔺相如看得清楚，秦王虽然在表面上对赵国以礼相待，但是在骨子里，却透着对赵国的一种蔑视。此时的秦国对赵国不过是表面敷衍。可是赵国对秦国却不敢擅自开战，因为秦国此刻已经是披甲百万、战车万乘。赵国在国力上虽然与秦国相比只略逊一筹，但是在军事上则显露出明显的劣势。

秦王之所以主动与赵国请和，不过是缓兵之计。赵王听完蔺相如的分析，如醍醐灌顶，在与秦王推杯换盏、谈笑风生之时，心中不免生出警惕之意。

酒到中巡，秦王便露出了其强霸气势，对赵王说道："本王听说，赵王您喜欢弹瑟，恰好本王这里有瑟，赵王何不弹奏一曲，以助酒兴？"赵王闻言，面有难色，因为赵王若为秦王弹奏，就代表着赵王自认地位低于秦王一节，如果从之，岂不是自取其辱？而如果不从，则会落人口实，说赵王无理在先，无奈之下，赵王只好整整衣冠，走到宴会中间，随意弹了一曲。可是秦王并没有就此罢休，他竟让史官上前，在秦国史书上记上：某年某月某日，秦王和赵王在渑池宴会，赵王为秦王弹瑟一曲。

蔺相如见此，自然知道秦王是有意为之，意在羞辱赵国，展现秦国的强势地位，遂上前对秦王说道："赵王一曲，如天籁之音，然而，瑟声虽好，却苦于无人应和。赵王听说秦王您亦擅长击缶，恰好这里有个缶，还请秦王不要吝啬，击缶为大家助兴。我想，这里人虽众多，却只有秦王可以有资格，和赵王相和。"

见秦王面露不悦之色，其臣下文武大臣也生出愤怒之情，蔺相如索性一不做二不休，直接将缶端过去，走到秦王处，献给秦王。秦王为了保全威严，自然对蔺相如所作所为不屑一顾，嗤之以鼻。只见蔺相如义正词严地说道："壮士一怒，血溅五步，现在我离大王只有五步的距离，如果大王答应击缶之事，则大家相安无事，如果大王不答应，蔺相如贱命一条，拼着一死，也要溅你一身血！”

眼见自己的大王竟受到蔺相如的胁迫，秦王的侍卫们都面生怒色，纷纷拔出刀来，要杀蔺相如。只是这蔺相如早就名声在外，是个亡命之徒，侍卫们还真不敢妄自行动。果然，在蔺相如瞪着双眼，大喝一声之后，侍卫们便胆战心惊，吓得连连后退。秦王自然不高兴，却也别无他法，只好勉强在缶上敲了几下。蔺相如见状，遂忙回头叫来赵国的史官，让他在赵国的史书上记上厚重的一笔道：某年某月某日，赵王和秦王于渑池宴会，赵王命秦王敲缶助兴，秦王欣然从之。

秦王见此，心知自己上当了，心中郁闷不已。秦国群臣整日都跟着秦王走南闯北，自然很容易就明白了秦王的心思，遂纷纷作势，要和蔺相如一搏。其中，还有人对赵王说道：“请赵王不要吝啬，献出15座城池，以作为对秦王的祝福！”蔺相如万万不会就此示弱，于是驳回道：“那么，请秦王拿咸阳为赵王祝福！”眼见蔺相如如此有恃无恐的态度，秦王遂心念一转：莫非这赵国已经有了万全的准备？再一看，赵王随军的数千人马，虽然将领是个名不见经传的人物，但是士兵们可是一个个凶神恶煞，精神抖擞，料来必定人人皆是以一当十之辈。秦王一番思索后立马转变态度，不再在言语上针对赵国。

诚如晋朝卢湛在《览古诗》中所言：“爰在渑池会，二主克交欢。昭襄欲负力，相如折其端。眦血下沾衿，怒发上冲冠！西缶终双击，东瑟不只弹。舍生岂不易？处死诚独难！”一场鸿门宴，便在蔺相如的谈笑风生之间，将危机化为无形；一次渑池会，亦在君臣的推杯换盏之间，变成一段佳话。

其实此时秦、赵两国的渑池之会并不仅仅是几个智者的斗智斗勇，而是秦赵两国在军力、国力上的相互角逐和妥协。迫于楚国和齐国的压力，两个大国之间，必然需要达成某种默契，以免齐、楚两国死灰复燃，重新强大起来。试想，如果此刻秦、赵两国大动干戈，在齐国和楚国而言，他们便会得到喘息的机会，就此休养生息。那么东方六国的实力对比，就会发生巨大的变化，未来各国的局势，也就更加多变。因此渑池之会，其实是局势和时代的必然。

负荆请罪将相和

一国之君，不仅要学会权衡天下大势、以民为本、励精图治，更需要学会选拔天下良才，平衡君臣之别。宋代程颐说：“不偏之谓中，不易之谓庸。”中者，天下之正道；庸者，天下之定理。君王要驾驭群臣，就要采取中庸之道，而这中庸之道的关键所在，便是学会平衡各方。

因而清乾隆有刘墉与和珅，唐太宗有长孙无忌和尉迟恭，刘邦有韩信与张良，而此刻的赵国则有蔺相如和廉颇。

文武之间，不可偏颇，才能够使得文武大臣如君王的两只翅膀，助其万里翱翔。所以赵王在回到邯郸之后，第一件事情，便是封赏蔺相如为上卿，比廉颇还略高一筹。一者，是蔺相如确实是功勋卓著；二者，则是赵王看准蔺相如是个可造之材；三者，则是因为廉颇军威日盛，功高难免震主。所以蔺相如才会在职位上高廉颇一筹，但因为廉颇盛名日久，所以其在赵国的威信仍远比蔺相如高。文武之间的平衡，聪明的赵王自然没有打破。

可惜，廉颇到底是一介武夫，虽然他在战略战术上有勇有谋，但是论到政治权谋却是个门外汉。所以当他得知蔺相如官居上卿之时，不禁震怒。

廉颇能够有如今的地位，是靠自己的努力获得的。在从军时，他有过无数次的舍生忘死，奋力拼杀，逐渐从百夫长成长为上将军，中间的经历颇为曲折。就在赵惠文王二十年（公元前278年），廉颇向东攻打齐国，孤军深入千余里，冒着断其尾而深陷重围的威胁，破釜沉舟，置之死地而后生，终于破其一军。毫不夸张地说，如果没有赵王，那么赵国依然可以青山依旧，绿水长流；然而如果没有廉颇，则赵国必然会陷入强敌环伺、岌岌可危的境地。

跟随赵王的多年间，廉颇立下赫赫战功，好不容易才出人头地，成为一人之下万人之上的人物。赵国上下，能够和廉颇比肩者，可以说是屈指可数。位列战国四公子之一的赵胜，即使在地位上高上廉颇一筹，也能够让廉颇心服口服，因为他不仅是赵王的弟弟，而且贤达无比，但是让蔺相如凭空高自己一筹，廉颇无法心服。

于是，廉颇决定，找准时机，一定要好好羞辱一番蔺相如。廉颇逢人便说："我廉颇攻无不克，战无不胜，立下赫赫战功。他蔺相如百无一用，不过靠一张嘴，竟然爬到本将军头上去了，别人看他脸色行事，我可一点也不买他的账，不要让我碰见他，否则，我必定得给他个下不了台！"廉颇的话很快便传到了蔺相如的耳朵里，为了免得跟廉颇见面，以至于发生不必要的冲突，蔺相如三番四次地请病假不上朝。

可是蔺相如越是这样忍让，廉颇就越加觉得蔺相如是惧怕了自己。没过多久，赵王也觉出廉颇和蔺相如有点不对劲，能看见廉颇的地方，就没有蔺相如的踪影；蔺相如活动的地方，廉颇总是凑不到一块儿。赵王封赏蔺相如，不过是为了平衡朝中文武大臣，以维持朝局的稳定，没有想到竟然惹得文武大臣如此不合。

而事态仍然在进一步地恶化。一日蔺相如坐车出去，他前脚刚刚踏出府上大门，便远远看见廉颇骑着高头大马而来。蔺相如为不与廉颇发生正面冲突，赶紧叫车夫把车往回赶。

蔺相如的行为令下人们很不解，于是他们便问蔺相如："您和廉颇，都是朝中大臣，甚至您的官职上，还要略高一筹，凭什么咱们见了廉颇，总要躲着他？这么下去，我们可受不了。"

这时候，蔺相如平静地回答道："诸位请想一想，秦王之残酷狡诈，天下闻名。廉将军和秦王比，能比他强多少？"众人道："其他的不敢说，但是论起奸诈狡猾，廉颇将军怎么能够和秦王相比呢？"蔺相如闻言，义正词严地说道："秦王如此穷凶极恶，我尚且不怕，廉将军如此慷慨大义，我会怕廉将军吗？大家只知道我和廉颇将军有嫌隙，却不知道，秦王之所以不敢进攻我们赵国，就因为赵国武有廉颇，文有蔺相如。我们虽然是两个人，实际上却是一个整体，和则赵国强，不和则会削弱赵国的力量。秦国强大，秦王奸诈，如果知道了我们不和的消息，必然乘机来攻打我们，到时赵国恐怕就会从此陷入万劫不复的境地了。为了赵国的生死存亡，安危荣辱，我避开廉将军，又有什么不可？"

蔺相如的话，很快传到了廉颇的耳朵里。廉颇虽然是一介武夫，但是通晓大义，特别是在关乎赵国的安危大局上，廉颇可是毫不含糊。知晓蔺相如竟然是如此高洁之人，廉颇心中不禁生出了万分的羞愧：自己为了争一口气，竟然不顾赵国的利益，这哪里是一个国之栋梁应该做的事情?

廉颇为了表示自己对于蔺相如深刻的愧疚，遂脱下战袍，背上荆条，赤着上身，徒步走到蔺相如府上，请蔺相如用荆条鞭打他。蔺相如赶紧把荆条扔在地上，用双手扶起廉颇，拉着他的手请他坐下。赵国文武从此勠力同心，秦国因此更不敢欺侮赵国了。

第十章

楚国之女坐镇秦国

大势所趋的强秦

历数秦国的发展历史，有两场意外让秦国变得更加强大。战国初期发展了数十年，任谁也没有料到，昔日地处边远西部、默默无闻的秦国，竟然能够具备那么大的气运，不仅从整体上改变了秦国的弱小和贫穷、收复了函谷关内外被魏国占领的土地，还在此后的 20 年时间内，迅速地成为魏国最大的敌手，战国最炙手可热的诸侯国。

这一切，都要归功于两个人物，第一位是秦孝公嬴渠梁，另一位就是吴起的同乡、法家学派巨子商鞅。他二人，一个有雄心壮志，一个有满腹经纶。在魏国受挫之后，商鞅辗转来到秦国，于是，二人在历经磨难之后，一拍即合。无法在魏国施展拳脚的商鞅，却在秦国得到了重用。秦孝公把大权交给商鞅，让他根据自己的思想和筹划的措施，对秦国进行彻底的变革，以图自强。

一场意外，让本来可以在魏国大展拳脚的商鞅，成了秦国的股肱之臣，成为左右战国局势的重要人物。他在秦国推行了一系列措施，从秦国几乎处于半野蛮状态，落后、穷困、腐败和一片混乱的国情出发，大刀阔斧地进行改革，不仅仅彻底改变了秦国的法令规章、上层建筑，还彻底地改变了秦国的军事制度、政治法则、政府组织、社会结构以及风俗习惯，有甚者连道德价值标准和人生观念都经历了天翻地覆的巨变。商鞅变法成为当时最惊心动魄的大事件，从此，一个原本弱小的国家逐渐走上强者之路。

商鞅变法作为一次较为彻底的改革运动，对于社会进步和历史的发展起了推动作用。通过这次改革，秦国将旧的制度废除，代之以能够适应当时社会经济发展的新制度。商鞅此次变法具有明显的作用，它促进了秦国经济的发展，壮大了国力，实现了富国强兵的目的，为以后秦统一全国奠定了基础。但是付出努力的商鞅并没有获得所有人的认可，秦孝公死后，商鞅便付出了代价——死后还被车裂。因为改革变法伤害了旧贵族的利益，就连新任秦王亦对商鞅恨之入骨。秦孝公的兄长因变法而受刑，太子也因变法而被放逐，河西之地的大贵族的既得利益都消失无踪，就连商鞅也最终死于自己颁布的连坐之法。但是，变法最终被保留下来，与其留下的秦国内部安定、外部宾服一样，成为影响战国格局的重要一环。

除了商鞅变法之外，秦国崛起还有其特殊的优势：

第一，秦国具备地理优势。它地处中国西北部的渭河流域，进可攻取中原腹地，退可以在函谷关一带以一夫当关万夫莫开的气势抵抗外敌。

第二，变法后的秦国内部稳定，使得秦统治者可以丝毫没有后顾之忧地进攻东面的其他诸侯国。

第三，拥有军事实力和经济实力。从当时的武器装备来看，秦国军队是最早用钢制武器取代青铜武器、用骑兵取代战车兵的中国人。再从当时的经济实力上看，公元前318年，即秦惠王在位期间，秦军顺利占领了四川的产粮大平原，这不仅大大地扩大了秦的地盘，也极大地增强了秦的经济力量。以天府之国的优势，滋养秦军从长江和函谷关南北两路出发，实现其一统天下的战略意图。

第四，秦国统治者是些能干而又野心勃勃的现实主义者，大力而连续地引进人才的同时，还率先应用法家学说，实现中央集权，为国家和军队积聚力量，成为战国七雄之中，最富有生机和活力的一个。

商鞅死后，秦惠王继续推行商鞅的改革策略。秦国在秦惠王的经营下，用27年时间休养生息，使得商鞅改革的成果进一步巩固和扩大，及至秦武王嬴荡即位，秦国之强大已经在其军事行动上显示出来。

从嬴荡的名字就可以看出，秦惠王对其寄予了称霸中原、荡平天下的厚望。历史记载，秦武王嬴荡身高体壮，有神力，喜好跟人比角力。不管是英雄所见略同，还是沆瀣一气等词汇，都讲述了这样一个事实：秦武王喜欢和他一样的人。所以秦武王在政期间，大力士乌获、任鄙、孟说等人都曾因为力大无比而被封高官。即位4年之后，即公元前307年，力大无比的秦武王与孟说比赛举“龙文赤鼎”时不幸折断胫骨，不久便气绝身亡。

秦武王之死，对于正处于上升期的秦国而言，本来算不得大事。然而由于他没有子嗣，秦国因此陷入了政治的大混乱时期。

大乱之后，方能大治，而大凡大混乱之时，必然有一些人，枭雄也罢，英雄也好，不会甘于寂寞，会逐步浮出历史的水面。

就在秦国面临四分五裂的危机时，以秦惠文王的发妻惠文后、秦武王的王后武王后以及武王的弟弟公子壮结成的政治集团和以芈八子（后来的宣太后）、魏冉为首的外戚势力开始了持续三年的夺位之战，决定秦国命运的另一场意外就在这一期间产生。

王室正统结成的集团，名正言顺，在政治上的优势更加明显。但是魏冉也不是泛泛之辈，早在秦惠文王时期，就已经在秦国担任重要职位，及至武王暴死，魏冉再次成为秦国国内最具备实际权力的人物。此时的魏冉，因为其姐姐的缘故，还得到了韩、赵两国的幕后支持。为了能够在政治上夺取主动地位，魏冉与芈八子决意拥立芈八子的大儿子、秦武王的异母弟弟嬴稷。

嬴稷早年被送往燕国做人质，秦武王死后被燕国人送回。燕国的战略意图很明显，借助嬴稷，搞好燕国和秦国之间的关系，并进一步干涉秦国的内部事务。可惜他们没有料到，嬴稷竟然成了决定战国时期最终结局的关键人物。他在位时间长达 56 年，为秦国开疆拓土、打击东方六国的势力作出了突出贡献。

眼见嬴稷被迎立回国，惠文后等人自然不会坐以待毙，唇枪舌剑失去作用之后，逐渐演变为一场战争。如果按照当前的局势发展下去，惠文后等人最终夺取胜利，只是个时间早晚的事情。奈何这时候一个意外再次在秦国的政治舞台上发生了。他们的核心人物樗里疾阵前变节，在激战正酣时，手中握有兵权的他却选择了沉默，其实是变相地站到了魏冉一方，这给占尽上风的惠文后集团以重击，形势急转直下。魏冉趁此大举进攻，惠文后集团就此寿终正寝，嬴稷顺利继位，是为著名的秦昭襄王。

惠文后等人虽然在夺权斗争中，最终失败，但是他们并没有就此一蹶不振，而是从此韬光养晦，并在暗中企图东山再起。魏冉因为拥立秦昭襄王嬴稷有功，成了秦昭襄王的开国功臣，受到重用。他继续手握兵权，负责京师重地的安全。秦昭襄王二年（公元前305年），秦武王的同母弟弟公子壮，在其母惠文后和武王后等人拥戴下，擅自即位称君，史称“季君”。欲先斩后奏，在大事定矣之后，取代秦昭襄王。犯上作乱的公子壮、惠文后及相关的大臣、诸公子等人，都在魏冉的积极进攻下被剿灭，秦国再次进入了稳定发展的时期。

一场意外，使得秦武王一命呜呼；一场意外，让魏冉集团反败为胜；一场意外，使得芈八子成为宣太后，从此开始了宣太后和魏冉共同主持朝政的时代。看似一场意外，其实都在情理之中。从当时战国的局势看来，秦国对统一天下具有不可推脱的责任，虽然变乱突起，但是人心思治的秦国，不仅会很快重归稳定，而且还会不断强大。

这就是所谓的“大势所趋”。

史上第一位太后

芈姓，是楚国的国姓，可想而知，芈八子是楚王姐妹中的一人。八子，并非她的名字，而是她嫁给秦王后得到的封号。芈八子约生于楚宣王末年（公元前 340 年），生下她之后，芈八子的母亲又生下了历史上著名的“战国四贵”之一的华阳君芈戎。及至其父亲逝世，其母亲遂改嫁，再生一子，即魏冉。魏冉入驻秦国，与宣太后一道，成为秦国呼风唤雨、无所不能的人物。

芈八子在年轻时候就具备一般女子所不具备的资本：例如高贵的出身、美貌的姿色，这使得她能够顺利地嫁入秦国。尽管在当时的楚国看来，秦国不过是一个边陲小国、身处边远之地，然而就在许多女子避之不及的情况下，芈八子以其远见卓识，选择了嫁入秦国王室。她是惠文王后宫中的八子，在武王死后的争位斗争中将自己的儿子捧上君王宝座，最终登场秦国的权力巅峰。

说起宣太后到达秦国的经历，可谓颇具传奇色彩。

公元前 388 年，嬴驷即位，即秦惠文王，年仅 17 岁。商鞅被杀之后，公孙衍代替他成为秦国的大良造。在这两人的配合下，秦国军队继续执行秦孝公时期的弱魏政策，率领大军攻击魏国境地。不久，公孙衍大军就在雕阳（今陕西鄜州）大破魏军，折其精锐数万。次年，张仪凭借其三寸不烂之舌，代替公孙衍的地位，无奈之下，公孙衍只能投奔魏国。秦惠文王也是在这一期间称王的。楚怀王为了表示对嬴驷的庆贺，遂将芈八子嫁到秦国，成了秦惠文王的妃子。其弟魏冉和芈戎也就此一并入秦。

芈八子入秦之后，不知是因为其风华绝代的美貌，还是因为"无心插柳柳成荫"，很快就生子嬴稷，即后来影响战国局势半个多世纪的秦昭襄王。后来她又接连生下显与悝。芈姓是楚国的国姓，由此可知当时芈八子在楚国的地位是很高的。

由于当时楚国强盛，秦国全力攻打三晋之地，秦楚两国一直没有发生大规模的冲突，这当然少不了张仪的远交近攻战略在发生作用。

然而芈八子初到秦国时地位并不是很高。当时的秦国后宫嫔妃，可以分八级：王后、夫人、美人、良人、八子、七子、长使、少使。从芈八子获得的封号可知，当时的秦国对于楚国多少有些轻慢。可是芈八子接连为秦惠文王生下三个儿子，成为惠文王嫡妻秦惠文后的眼中钉、肉中刺。所以秦惠文王一死，秦惠文后就和继位的儿子秦武王合谋，将芈八子的长子嬴稷送到燕国当人质。

公元前319年开始，秦国经商鞅变法革新，国力大增。其军队屡次攻伐三晋，并且连连得手，东方列国尤其是楚国对秦的实力逐渐有了清醒地认识："秦，虎狼之国，不可亲也。"（《战国策·楚策》）于是，楚等五国合力，助公孙衍为魏相，"合纵"之策就此展开，秦楚关系也因此而发生了翻天覆地的逆转，由原来的友好相援而改为紧张相抗。城门失火殃及池鱼，芈八子的三个儿子，本来就不是嫡长子，再加上楚国这一层关系，变得更不得人心，终难以继承大位。然而，芈八子一直是个极具野心的女人，她心甘情愿地让长子嬴稷作为质子，前去燕国。一来可以锻炼嬴稷，为其谋取声望；二来则可以借此掩人耳目，大力发展魏冉的权力。只要时机成熟，芈八子就会顺势拥立其长子嬴稷为王，实现自己的野心。

促使时机成熟的关键所在，主要有三点：

第一，是秦国和楚国关系的改善。秦惠文王嬴驷一死，张仪便如商鞅一般，失去了庇护。为了避免落得和商鞅一样的下场，公孙衍、樗里疾、甘茂等人挤兑张仪时，张仪连夜逃出秦国。张仪一走，就代表着导致秦楚关系恶化的始作俑者不存在了，两国关系就此缓和。这在很大程度上，为芈八子夺取权力奠定了良好的外部条件。

第二，是秦武王的昏聩无能。这不仅让魏冉在这一时期内大肆发展自己的势力，让芈八子有了抗衡秦惠文王后的实力，也让甘茂、公孙衍等人得意做大，并试图通过芈八子来控制秦国的朝局。最让人啼笑皆非的是，秦武王竟然为了显示自己的勇武，与当时著名的大力士比武举鼎，不仅害了自己的性命，也让秦国陷入了开国以来最为混乱的时期，芈八子迅速抓住了这个稍纵即逝的机会。

第三，芈八子利用秦武王在位的四年时间，韬光养晦，不断地培植自己的势力。秦国以外，她在继续保持与楚国的亲密联系之时，也取得了韩国、燕国的大力支持；国内，她一方面不断壮大魏冉的权势，另一面则大肆笼络人心，所以当最后决胜之时，樗里疾才会在实际上倒向芈八子一方，使嬴稷顺利登基。

秦昭襄王即位后，芈八子做的第一件事就是让儿子封自己为太后，是为宣太后，她是中国历史上第一个称太后的女子。

虽然已获得太后的封号，但是宣太后知道，自己好不容易夺取的政权，实际上并不稳固。原来秦国的贵族势力并不会善罢甘休，眼睁睁地看着庶子登基为王，秦武王诸弟开始联合起来想要推翻秦昭襄王的统治。其中，势力最为强劲的，就是以武王的母亲惠文后、武王的王后及拥护他们的大臣为主体的势力集团，他们积极拥立公子壮（武王弟）即位，并号称“季君”，与宣太后、魏冉和秦昭襄王嬴稷分庭抗礼。三年时间过去，魏冉最终平定了他们的叛乱，一干相关人等悉数被诛杀。

为了巩固自己的统治，宣太后还大力封赏自己的亲人。其中封芈戎为华阳君、嬴显为高陵君、嬴悝为泾阳君。外戚势力第一次如此大规模地走进秦国内部，打破了秦国原本的重用客卿制的传统。芈八子一门，就此威震天下。

宣太后以其强有力的政治手腕，夺取了国家的最高权力，同时维护了国家统治的稳定。她以太后身份统治秦国，一直到秦昭襄王能够独当一面，前后长达 36 年之久。在她统治时期，秦国国力大增，为以后秦昭襄王的纵横天下打下了坚实的基础，是为“东益地，弱诸侯，尝称帝于天下，天下皆西向稽首”（《史记·穰侯列传》）。

太后的“温柔”手腕

在秦昭襄王即位之后，秦国后方出现了一股极大的势力——义渠国。义渠国辖地主要在今甘肃、陕西和宁夏一带。它并不是一个单一的民族，从远古起这里就活动着许多名称不同、风俗各异的游牧民族。

《后汉书·西羌传》记载说：“及平王之末，周遂陵迟，戎逼诸夏。自陇山以东，及乎伊、洛，往往有戎。于是渭首有狄、獂、邽、冀之戎，泾北有义渠之戎，洛川有大荔之戎，渭南有骊戎，伊、洛间有杨拒、泉皋之戎。”由于自然地理环境的制约，这些众多的戎、狄族，一开始发展极为缓慢，甚至到了春秋时期，尚处于从原始社会向封建社会的过渡时期，经济、文化以及社会组织都较中原地区落后，但是其军事力量却不容小觑。

此之前的西周末年，犬戎（即猃狁）叛周，率兵南下，于郦山将幽王杀死。恢复周王室统治的周平王，因为惧怕狄戎，从此迁都洛邑（今洛阳）。

义渠之戎就在周室内乱的那一段时期内，宣布脱离周王朝的统治，正式建立方国（都城在今宁县城西北 50 里处的焦村乡西沟村），即义渠国。义渠国建立不久，由于兵强马壮，很快便出兵并吞了彭卢戎（在今甘肃镇原彭阳和庆阳彭原）、朐衍戎（在今宁夏盐池）、乌氏戎（在今甘肃泾川、灵台）、郁郅戎（在今甘肃庆阳、环县、合水）等地，疆域得到扩张。整个义渠国，东抵桥山，西达西海固草原，南达泾水，北控宁夏河套，面积约 10 万平方公里，势力空前强盛，并逐渐与崛起于渭水流域的秦国发生长期性的对抗。

平王东迁洛邑时，秦襄公因功被封为诸侯，岐山便是其封地。从此，秦国便负责全权剿除西方戎、狄。但是，此时的秦国在东方诸侯的眼中，和戎狄各族实际上并无多大差别。直到秦穆公时，在百里奚等人的辅佐下，秦国打败了晋国，秦国的地位才得以一跃而起。

公元前 624 年，秦穆公采取戎族大臣由余的计策，率领军队攻伐北地义渠，《史记》言："益国十二，开地千里。"秦国开始在西戎称霸。

称霸西戎后，秦国最大的目标便是称霸中原，然而当时晋国强大，蜀地尚没有被收入秦国的囊中，东出中原的路边便被死死堵住了。秦国在几次东征魏国而不得后，干脆调转枪头，向西北进军，企图廓清自己西北的地域，攻灭义渠国。

公元前 444 年，秦国率领 10 万大军，攻伐义渠。义渠国大军兵败如山倒，秦军很快就将义渠国打得七零八落，甚至连其国王也被秦军抓回秦国。义渠国百姓虽然丧师失地，但并没有就此一蹶不振。他们在兵败之后，吸取教训，厉兵秣马，养精蓄锐，14 年之后，即秦躁公十三年（公元前 430 年），倾举国之兵攻秦。秦国当时正在向东方魏国用兵，不料变生肘腋，无防备之下，大败。义渠国大军从泾北直攻到渭南，秦国丧失了面积广大的土地。

自此，义渠国奠定了它东达陕北，西至陇西，北到河套，南达渭水的地理疆界，迈入了义渠国最为强盛的时期。

百余年之后，义渠国因为内乱，给了秦国可乘之机。秦国出兵平定了其乱事，于是义渠国臣服于秦国。当然这种臣服不过是权宜之计，在秦军撤出义渠国之后，义渠国大军很快便出兵偷袭。秦国无奈之下，再次于公元前 327 年攻伐义渠，并夺取了义渠国的郁郅城（今庆城），义渠再次向秦称臣。

此时，秦国的战略重心已经转到了东方六国，决意问鼎中原。所以并没有顾忌西方义渠国的动向，而是全力攻伐魏国。义渠国趁中原诸国混战，于公元前 318 年背叛秦国，并在表面上向魏国称臣，并趁着赵、韩、燕、楚四国与魏联合攻秦的机会，在西方向秦军发起进攻。

为了避免同时受到东方五国和西方义渠国的夹击，秦国以“锦绣千匹、美女百名”拉拢义渠，希望义渠国能够看清形势。哪知义渠国早就有不臣之心，不但拒绝了秦国的“好意”，还趁势进军，大败秦人李帛，将其数万军队诛杀。无奈之下，秦国只能在平定东方合纵联军之后，暂缓进军中原的计划，重新审视与自己较劲了 300 年的义渠国。

公元前 314 年，秦国为了彻底地安定后方，为东征奠定稳固的基础，调集 20 余万大军，从东、西、南三面进攻义渠，义渠国

25城先后陷落，实力大减。但是秦军明白，义渠国和100多年前一样，再次步入了休养生息，厉兵秣马，养精蓄锐，徐图进取的阶段，只是这一次，秦国还会给义渠国同样的机会吗？

公元前306年，秦国在经历变乱之后，昭襄王母宣太后摄政。

就在秦国大事初定时，楚国趁着秦国因内乱而无暇东顾的机会，围困韩国雍氏（今河南禹州东北）。当时楚国十分强盛，东方六国要么没有实力，要么不想与之为敌，整个天下，只有秦国有实力和心思向楚国用兵。于是，韩国屡次向秦国求助，希望他们能够出面救援韩国。由于秦国刚刚稳定下来，宣太后与魏冉商议，不出兵，以免赵国等坐收渔人之利。

可是，屡败屡战的韩国，依然不肯死心，最终派出了号称韩国智囊的尚靳出使秦国。尚靳一到，便直接切中要害，言及当前韩国、楚国和秦国的局势，认为秦国与韩国实则是“唇亡齿寒，户破堂危”的关系。一旦打仗，韩国可以作为秦国的屏障和出山的通道，对于秦国可谓是百利而无一害的国家，如今韩国有难，秦国怎么能够不去救援呢？

尚靳说得有理，但是宣太后最终还是没有发兵，究其原因，则是秦国刚刚经历内乱，国力大损。此外宣太后还怕如果此去不胜，国内的反对派必会趁势起兵造反，即便是胜利，对于眼下的秦国，也没有半点好处可言。

不过，宣太后在答复尚靳之时，言语之间粗俗不堪，她竟然以自己的私房事举例来说明秦国不愿发兵的原因。

那些言辞对传统儒生而言实在是不堪入耳，肮脏龌龊。甚至到了清代，官拜刑部尚书的王士祯还对其评论说：“如此淫亵秽语，出于妇人之口，进入使者之耳，载入丹青史册，实在令人愤慨。”

历史记载，魏冉和宣太后芈八子虽然是同父异母的姐弟，但是他们之间，也有着不可告人的亲密关系。魏冉在被封为穰侯之后，因为依靠着宣太后和拥立秦昭襄王嬴稷的关系，权倾朝野，一手遮天。为了更好地控制手中的权力，他还经常出入宫廷，与宣太后幽会。宣太后也正好乐于利用他，去打理秦国上下。

公元前 304 年，义渠国在经历大败之后，痛定思痛，终于与秦国修好，借以休养生息，宣太后也正在疲于应付对东方各国的战争，为了获取稳固的大后方，宣太后和魏冉商议，决定让义渠国国王来朝觐见，商谈两国联盟修好的相关事宜。

恰逢秦昭襄王嬴稷加冠之礼，义渠国国王来到秦国，见宣太后虽早已为人妇、为人母，却仍是美貌绝伦、倾国倾城、风姿绰约。义渠王很快拜倒在其石榴裙之下。俗话说，英雄难过美人关，本来义渠国国王来到秦国，是为了与秦国修好，以便为义渠国休养生息、养精蓄锐赢得良好的环境和足够的时间，最后实现昔日义渠国东西千里国界的辉煌。可惜义渠王从此陷入了不可自拔的境地，整日沉醉在与秦国宣太后的鱼水之欢中，从此不顾宏图大业。30 年的时间一晃而过，义渠王的雄心壮志早就被与宣太后的个人感情所灭。秦国则利用这一段时间，四处攻伐。整个中原的局势发生了巨大的变化，东方六国中，只有赵国还有实力能够勉强和秦国抗衡。

秦昭襄王三十五年（公元前 272 年），秦国已经足够强大，义渠国则在义渠王的任意妄为之下，日渐衰微。宣太后的目的似乎达到了，所以就在温柔乡中突然发难，扼杀了持续了30年的感情，将义渠王杀死于甘泉宫中。随即，义渠国在秦军的铁骑下，很快败亡，秦国历时300多年，终于将义渠国彻底剿灭，并在义渠国旧地置陇西、北地、上郡。

小人物也能救命

眼看秦国越来越强大，各国自然不甘心坐以待毙，为了对付秦国的入侵和挽救本国的灭亡，各国想尽办法以网罗人才。其中有一大批人以信义著称，他们礼贤下士，广招宾客（门客或者食客）。他们以期通过这种方式，扩大自己的势力，彰显自己的名声，在关键时刻保家卫国。他们的方式是争相养“士”（包括策士、方士、学士或术士以及食客），其中的杰出代表就是时人所称的“战国四公子”。

对于齐国孟尝君，司马迁曾评价说道：“吾尝过薛，其俗闾里率多暴桀子弟，与邹、鲁殊。问其故，曰：‘孟尝君招致天下任侠，奸人入薛中盖六万余家矣。’世之传孟尝君好客自喜，名不虚矣。”可见孟尝君为人，如先前所述，喜好广纳天下贤才，为天下所共知。也正是有了如孟尝君这种人的存在，齐国才得以历经多年而不衰，秦国等强国才没有轻而易举地将其灭掉。

孟尝君才思敏捷、学贯古今，在当时名望很高。秦昭襄王听说孟尝君贤能，就先派泾阳君到齐国作人质，后请求见到孟尝君。

就在孟尝君准备去秦国的时候，宾客们都不赞成，众人皆规劝他，但他执意前行。这时因参加离间的关系而陪伴燕王质子在齐国做大臣的苏秦进言了，为了破坏秦国和齐国的联盟，他极力反对孟尝君入秦。他给出了一个很是冠冕堂皇的理由：与其和秦国联合，做秦国的棋子，为其东征提供方便之门，到头来什么也没有。还不如转身去灭掉西边的邻国宋国，以为齐国西进打开通道。这句话暗自合乎了齐王吞并宋国的野心，但是孟尝君似乎看到了苏秦的意图，故而将计就计，认为只有联合秦国，才能够为齐国吞并宋国提供最好的条件。

此时孟尝君的门客苏代也向他进言，这下，孟尝君不得不慎重考虑入秦事宜了。

和其兄长苏秦一样，苏代也是战国时纵横家。关于苏代，在《战国策》、《史记·苏秦传》、谯周《古史考》、鱼豢的文章中都有相关记载。记载中说，苏代为东周洛阳人，是苏秦的族弟。初事燕王哙，又事齐湣王。回到燕国，遇子之之乱，复至齐、至宋，最后，被燕昭王召为上卿。当时说，苏秦有兄弟五人，其余分别是代、厉、辟、鹄，师从战国奇人鬼谷子。此时，苏代就在孟尝君门下做事。

眼看孟尝君执意要前往秦国，苏代便站出来对他说：“今天早上，下臣从外面来到宫殿，见到一个木偶人和一个土偶人，他们竟然正在交谈。其中一个木偶人说道：‘天一下雨，你就要坍毁了。’另一个土偶人说：‘我是由泥土生成的，即使坍毁，也要归回到泥土里，这样就无所畏惧。而你呢？若天真的下起雨来，水流便会冲着你跑，你被水一冲，就会从此四海为家，无所归依。’当今的秦国，是个如虎似狼的国家，而您执意前往，难道想做那个木偶人？一旦您回不来，土偶人该怎样嘲笑您呢？”

孟尝君听后，觉得似乎有几分道理。只可惜，君王之命难违，就在他准备不去秦国之时，齐王下令，让他必须前去和秦国修好。

在宣太后和秦昭襄王的一片欢呼声中，孟尝君奉命来到秦国，宣太后和秦昭襄王商议，既然孟尝君如此有才，何不让他做秦国的国相？孟尝君也看出，秦国未来的发展的前途，的确不可限量。纵观天下诸国，要么有实力而没有野心，要么有野心而没有实力，即使二者兼备，却没有明智的人辅佐、雄才大略的君王坐镇。能够一统江山的只有秦国，万事俱备只欠东风。

孟尝君认为，他就是这股东风，于是欣然答应做了秦国的相国。

只可惜，孟尝君是个齐人，于秦国而言，实在是个危险人物。秦昭襄王嬴稷不过是个名义上的君主，宣太后才是执掌政权的人，而宣太后此人，有一个致命的弱点：多疑。

有人向秦昭襄王进言，说及孟尝君虽然贤达，但是他却是齐国的人，怎么会数典忘本呢？一旦有机会，他很可能会反戈一击，到时秦国再来反悔就晚了。秦昭襄王不敢擅自做主，向宣太后请教，宣太后几乎没有任何犹豫，就将孟尝君撤职了。

本以为无官一身轻的孟尝君，不料楼缓竟然对他出招了。

楼缓此生，可谓一波三折。《战国策》中对其有记载，其生卒年不详，只知道他是战国时赵国人，武灵王时期的大臣。在赵国为官期间，主张与秦、楚联合，支持武灵王推行胡服骑射的改革措施。赵武灵王为了和秦国结盟，与秦昭襄王相交莫逆，共谋对抗齐、魏、韩三国。赵国便将楼缓派遣到秦国，请求秦国纳其为相国。于是，楼缓便在这样的情形下，奉命进入秦国。只是赵武灵王没有料到，在楼缓入秦之后竟然从此背弃赵国，多次做出损害赵国利益的事。

楼缓为了彻底破坏齐国和秦国的联盟，一担任秦国的丞相，便下令逮捕孟尝君，准备选一个良辰吉日，将之斩首示众。

这下，孟尝君真的成了当初苏代所说的那只木偶人了。

万幸的是，孟尝君最终逃脱了秦国楼缓的魔掌，他逃脱的经历，正是一个著名成语的来源：鸡鸣狗盗。

门客给孟尝君建议，要逃脱秦王的杀害，就必须要找到能够劝动他改变心意的人，楼缓等人当然具备这个资历，但若以他们为突破口恐怕很难。那么这个可能的人，应该是谁呢？门客提到了秦王最为宠信的一个妃子——燕姬。

于是，孟尝君连忙托秦王的弟弟、曾在齐国为质子的泾阳君嬴悝献上一块白玉壁给燕姬，让她在秦王耳边代为求情。但燕姬对价值连城的白玉璧不屑一顾，声言她只要那件狐白裘。那件狐白裘，朝中上下无人不知，是孟尝君献给秦王的见面礼，是齐国闻名天下的重宝。

孟尝君没有考虑周全，他单单献宝给秦王，却忽略了宣太后。宣太后并不是真的想要狐白裘，而是喜欢一个虚名，喜欢别的国家对自己的尊重。

宣太后执掌后宫，对燕姬之事自然了若指掌。她见孟尝君前来求情，思量孟尝君此人也不过如此，在秦国的一年并没有什么作为，也许他不过是善于收揽人心罢了。

于是，在她的授意下，燕姬提出了献上狐白裘的要求。她认为只要这个要求提出，孟尝君必然会知难而退，到时再杀了孟尝君，他就无法怪秦国不近人情了；即使他真的有本事，将之从秦王手中拿出来献给了燕姬，也是死罪一条。

俗话说“上有政策、下有对策”，既然燕姬铁了心要狐白裘，孟尝君就要想方设法将其重新弄到手，而他的门客中恰有几个擅长偷盗的人。

所谓养兵千日用兵一时，其中一个最为擅长翻墙越户的门客站了出来，表示有办法把狐白裘从王宫里“拿”出来。

据说在夜幕降临时，那个门客装扮成狗的模样，乘着夜色从狗洞里爬进王宫。他找到内室大门后，发现秦王内室防守很严密，无法进入。这时该门客灵机一动，既然扮作狗样，索性一不做二不休学做狗叫。看守之人一听狗叫，果然被蒙骗，这个门客顺势跃进内室，找到并盗出了狐白裘。狐白裘盗出后，孟尝君将其交到燕姬之手。燕姬十分高兴，将之献给了宣太后。于是宣太后授意燕姬，劝说秦王释放孟尝君。既然爱妾相求，秦王也乐于做个顺水人情，将孟尝君放了，并给了他一个过关文书，允许他回齐国。

只是这一次，孟尝君能够安全返回齐国吗？

反秦联盟

孟尝君知道，自己万万不能再在秦国久留，只要秦王得知狐白裘被偷，或者燕姬将狐白裘之事告诉了秦王，他孟尝君必然会落得个死无葬身之地的下场。

于是，孟尝君在得到了过关文书后，带着一行门客，星夜兼程向东逃去，赶到函谷关时，已是夜半时分。此时，秦王已经得知了消息，于是派遣了两路人马向东而来。一路负责追击孟尝君，另一路则负责赶到函谷关，向守关将领宣布秦王的旨意。

秦国自秦孝公时期开始，便立下法令："日落闭关，鸡鸣开关。"孟尝君一行人如果等到鸡叫时分才出关，很有可能被秦国的追兵追上，到时前有阻拦，后有追兵，孟尝君就只能束手就擒了。见孟尝君心急如焚，一位擅长口技的门客心生一计，跑到函谷关附近的山头上，学起鸡叫，其叫声清越嘹亮，划破长空。他这一叫不要紧，竟然让关内、关外的雄鸡都叫了起来，可谓一呼百应。守关的士兵听到鸡叫，自然想不到是有人故意为之，以为天快亮了，就习惯性地开了关门，孟尝君将通关文书交给守关人员，守关将领并没有疑心，于是他们很快便出得函谷关去。待得秦王的追兵赶到，孟尝君早已带领他的门客开始了新的征程。

后人为了纪念此事，便在函谷关前筑起“鸡鸣台”，据说登此台者，可隐约听见一片此起彼伏的鸡叫声，颇为神奇。

孟尝君逃离秦国之后，经过赵国。赵国人听说孟尝君是个贤能之人，都愿出来一睹他的风采。经过某个县时，该县中人见孟尝君并无想象中的魁梧高大，便嘲笑着说：“孟尝君真让人失望，原来他不过是个瘦弱不堪的人罢了。”孟尝君听后并没有生气，而是一笑置之。但他的门客们却很不甘心，随行之人不由分说，跳下车杀了几百人才离去。

不久孟尝君等人回到齐国，齐湣王对其才华很是赏识，于是，封其为相国，让其执掌国政。

孟尝君虽然能够广交天下贤人，且有“海纳百川、有容乃大”的气度，但是并不代表着能够忍受秦国对于他的侮辱。但秦国实力之强，让孟尝君不得不衡量，到底自己有没有一雪前耻的能力。这个时候他的门客中有一个叫作公孙弘的，说出了一个建议，让孟尝君不妨先探探秦国的深浅。

《战国策》记载说，公孙弘，战国时齐国人，是一名策士。既然他想到并提出了这一建议，必然有解决的办法，所以孟尝君便请求他代表齐国出使秦国，一探秦国虚实。

公孙弘此去，可谓明知山有虎，偏向虎山行。秦昭襄王嬴稷一时大意刚刚放跑了孟尝君，此番公孙弘竟然明目张胆再入秦国，岂不是自寻死路？

秦昭襄王接见公孙弘时意欲好好地羞辱他一番，以雪前番孟尝君逃之路上的耻辱。所以他和公孙弘一见面，便气势汹汹、盛气凌人地问道：“孟尝君贵为皇亲国戚，又是齐国的丞相，他的封地有多大？”

公孙弘如实说道：“大约一百里。”

秦昭襄王笑了，不屑地说道：“寡人挟君王之威势，因而秦国土地东西南北，都横跨千里，秦国士兵骁勇善战，今带甲百万、战车万乘，比之孟尝君的三千门客，孰强孰弱一目了然，但是即使如此，寡人也不敢擅动。孟尝君区区百里之地，寥寥三千门客，怎么敢与寡人为敌？孟尝君这样做，不是自不量力吗？”

公孙弘听后反驳道：“孟尝君手下三千门客，哪一个不是贤达之人，哪一个不是能人异士？孟尝君懂得用人，因而只要他振臂一呼，天下英雄便会云集响应。大王你懂得这些吗？”

这些让秦昭襄王有了兴趣，于是，他急忙向公孙弘询问那些门客都是怎么样的神奇之人？

公孙弘见秦王终于上钩，遂向前一步说道：“有一种人，是专为消灭邪恶、主持正义而存在的，他们从来不为天子的威仪所折服，不为诸侯的霸道所弯腰。失意也好、得意也罢，他们都只会忠心于一个人，这样的人，至少有三个；在治理国家，图谋社会安定、国家兴旺，甚至可以成为商鞅、管仲的老师，以帮助君王实现称王称霸的功名大业的人，至少有五个；即使君王拥有万乘战车，也不敢妄自侮辱一种宾客，因为他始终坚持着视死如归的信念，只要君王敢出言不逊，他就敢匹夫一怒、血溅五步，这样的人在孟尝君那里，至少有十个，其中，还可以算上我一个。”

秦昭襄王闻言，知道孟尝君绝非等闲之辈，他手下的确有许多能人异士。于是，秦王一改初时的嚣张语气，和缓地向公孙弘说道：“寡人这么问没有恶意，寡人很了解孟尝君，他是秦国的朋友，秦国有心和他相交，请您向孟尝君代为转达。”

经此一事，公孙弘终于知道，秦国其实也是比较害怕孟尝君的，但是此刻他却不能表现出来，只能暂时就坡下驴，答应了秦王。

正所谓“知己知彼，百战不殆”，通过此一节，孟尝君了解到秦王并不是无所畏惧的。于是孟尝君下定了最后的决心，决意联合秦国的宿敌——韩国和魏国，一起攻打秦国。

周赧王十七年（公元前 298 年），齐国、韩国以及魏国三国联军，从魏国借道向西进攻。这次三国经过了周密的策划，由齐国进行统一指挥，秦国猝不及防，很快便兵败，短短一个月的时间，三国联军便打到了秦国函谷关。

秦国一国之力难以抵挡三国之势，于是秦国想到了与别国联合。这次秦国选择的联合国家是宋。原来，就在楼缓担任秦国相国的时候，他任命手下一个叫作仇郝的人做了宋国的丞相，本来齐国就时刻准备吞并宋国，这下来了秦国这样一个大靠山，宋国自然是欣然答应。

于是，此时的战国形成了两大势力对峙，一方是秦国和宋国联盟，一方是齐国、韩国和魏国的联盟。两大军事集团经过你死我活的斗争，最终决出胜负，秦国战败，赵国和宋国则趁机抢占土地、扩张势力。宋国没有被秦国许诺的那些不切实际的好处所收买去替秦国卖命，而是不失时机地用兵薛国，剿灭滕国，还向楚国进军，夺去了楚国淮北之地，实力得到极大的增长。赵国则趁火打劫，在秦国无暇东顾之时，迅速地向北部林胡和楼烦进军，获取了广大的土地，建立了云中、雁门两大郡县。

赵国虽然是楼缓的发迹国，宋国虽然是秦国的盟国，但这两个国家都没有给秦国以任何实际的支持。所以秦国最终独木难支，在坚持了三年之后，最终被三国联军攻破了东方最为重要的门户函谷关。齐、韩、魏三国联军兵威日盛，直指咸阳。

这下宣太后和秦昭襄王嬴稷着急了，他们没有想到昔日放虎归山，留下大患。为保家国的秦国最终决定割地请和，这种方式是以往其他诸侯国最喜欢在对秦国的策略中使用的，没想到这回让秦国也借用了一次。只是每次秦国在割地之后，不仅没有放弃攻击，反而变本加厉，落了个不讲信义的名声。

齐、韩、魏三国自然不相信秦国的信用，他们想以彼之道还彼之身。得知消息的宣太后和秦王遂变得忧心忡忡，深恐有一天，三国联军就神兵天降，打到咸阳来。

而孟尝君的门客对形势进行一番分析后，忙对孟尝君说道：

“前车之鉴后事之师，昔日您拿齐国的兵力帮助韩国、魏国攻打楚国，9 年时间下来，魏国和韩国因此夺去了宛、叶以北的地方。韩、魏两国因此而逐渐强大起来。如今之事，与当初何等的相似。试想齐国离秦国那么远，即使攻灭了秦国，对齐国也没有半点好处，只是让韩、魏两国得了便宜。到时，韩国、魏国北边没有秦国的祸患，南边没有楚国忧虑，他们就会将矛头对准齐国，齐国就会危险了。韩、魏两国国力强盛后，就会过河拆桥。如果任这种形势发展下去而不制止，后果让人担忧。您还不如私底下与秦国交好，不要攻打秦国，也不向它借兵器和粮食。当齐国的军队到达函谷关时，先别急着进攻，您可以派使者向秦昭襄王传达您的想法：‘孟尝君绝对不会攻破秦国来增强韩、魏两国的势力。他进攻秦国的目的，不过是想要大王责成楚国把楚国占领的齐国土地东国还给齐国，并顺便请您把楚怀王送回楚国以相媾和。’

“如此一来，秦国能够不被攻破，又能够拿楚国的地盘保全了自己，何乐而不为呢？楚王能够获释，也一定感激齐国的再造之恩。齐国得到楚国的沃土东国，何愁不能日益强盛？孟尝君您的封地薛邑也就会永保太平了。众所周知秦国很强大，只要它存在于韩国和魏国的西邻，就能够制约这两个国家。韩、魏两国为了打击秦国，必定依重齐国，因此，齐国可立于不败之地。”

孟尝君听后，觉得很有道理，既然此番自己已经达到了报仇雪恨的目的，犯不着为了自己而让齐国面临危险。而且他也知道要灭亡秦国，其实是很难的，一定会付出惨重的代价。经过一番利弊的比较后，孟尝君接受了门客的意见。于是，在齐国的操纵下，韩、魏两国转而向秦国祝贺，三国盟军进攻咸阳的计划就此不了了之。秦国得到了保全，且在宣太后和秦昭襄王嬴稷的苦心经营之下，更加强盛。